Abrindo Portas Interiores

Abrindo Portas Interiores

Eileen Caddy

**Editado e compilado por
David Earl Platts**

Tradução de Ruth Cunha Cintra

Centro de Estudos Marina e Martin Harvey
Editorial e Comercial Ltda

Reimpressão da 16ª edição
São Paulo - 2018

Título original:
OPENING DOORS WITHIN

Eileen Caddy © 1986
Compilado e editado por David Earl Platts
Primeira publicação: Findhorn Press, Escócia, 1987

Direitos para a língua portuguesa reservados a
TRIOM – Centro de Estudos Marina e Martin Harvey
Editorial e Comercial Ltda.

www.triom.com.br – editora@triom.com.br

Tradução: Ruth Cunha Cintra
Revisão: Helena Heloisa Wanderley Ribeiro
Capa e ilustrações: Ricardo Carvalho L. Ramos
Diagramação e editoração: Casa de Tipos Bureau e Editora Ltda.

Dados Internacionais de Catalogação na Publicação (CIP)
(Câmara Brasileira do Livro, SP, Brasil)

Caddy, Eileen
 Abrindo Portas Interiores / Eileen Caddy; compilado e editado por David Earl Platts; tradução Ruth Cunha Cintra.
— São Paulo: TRIOM, 16ª edição revista, 2009.

 1. Luz Interior 2. Meditações 3. Paz de espírito 4. Realização pessoal 5. Vida espiritual I. Platts, David Earl. II Título.

 ISBN da 1ª edição (1993) 85-85464-04-6
 ISBN da 16ª edição 978-85-85464-74-5

93-3187　　　　　　　　　　　　　　　　　　CDD - 291.448

Índices para catálogo sistemático:
1. Ensinamentos espirituais: Religião comparada
   291.448
2. Mensagens espirituais: Religião comparada
   291.448
3. Orientações espirituais: Religião comparada
   291.448

PREFÁCIO

Em 1953 Eileen Caddy começou a receber orientação pessoal de uma serena e pequena voz interior, uma fonte que ela chamava "o Deus interior".

Os singelos ensinamentos recebidos nos anos seguintes oferecem verdades e visões espirituais e um melhor entendimento de como viver uma vida mais alegre, mais significativa, mais completa. Sua orientação serviu de fonte inspiradora para a criação e desenvolvimento do que é hoje a Findhorn Foundation, a comunidade espiritual e centro de educação holística internacional no norte da Escócia.

Este é um livro sobre valores espirituais: amor, alegria, paz, gratidão, unidade. Nele você encontrará estes e outros temas ecoando repetidas vezes porque, nas palavras da orientação espiritual de Eileen: "Bem devagar e com muito amor Eu vou constantemente relembrando você das coisas que realmente importam na vida, até que, num dado momento, elas se tornarão parte de você e, com você, terão vida, movimento e existência real".

Este diário perene oferece mensagens espirituais práticas e animadoras, numa linguagem simples e direta, com sugestões específicas para seu crescimento e desenvolvimento diários. A mensagem de cada dia pode ser lida ao amanhecer, proporcionando uma diretriz para esse dia. Os membros de uma família ou de um grupo podem se revezar lendo trechos no café da manhã ou, ainda, os textos podem ser usados como base para uma meditação diária. Relê-los à noite, antes de se deitar, ajuda a colocar o dia em perspectiva.

Qualquer quer seja a maneira escolhida para usá-los, estes ensinamentos devem ser interiorizados e aplicados dia após dia, ano após ano, até que eles se tornem parte de você e com você tenham vida, movimento e existência real, até que eles tenham realizado seu trabalho silencioso, sereno e amoroso "Abrindo Portas Interiores".

David Earl Platts

JANEIRO

*Eu vi uma tigela de comida na neve,
rodeada de pegadas de muitos
pássaros e animais que sabiam que ali
encontrariam alimento.
Eu ouvi as palavras:*

Você não pode viver só de pão.
Venha a Mim para obter seu alimento
e subsistência espiritual e Eu o saciarei
e você poderá prosseguir refrescado,
renovado e plenamente satisfeito.

1º de janeiro

Eleve seu coração e entre neste novo ano com a certeza que um ano maravilhoso está à sua frente. Observe o que há de melhor surgir de todos os acontecimentos. Eu posso lhe contar que ano glorioso este vai ser. Mas, a não ser que você aceite o que Eu digo com o coração cheio de gratidão e espere somente o melhor porque sua fé e sua confiança estão na Minha palavra, nada irá acontecer. Você tem que se agarrar às Minhas maravilhosas promessas e tem que acreditar. Não é uma questão de acreditar com a sua mente. Você tem que acreditar com a intuição, com o saber interior que emana do mais alto, de Mim. Você deve Me visualizar caminhando à sua frente, preparando o caminho e tornando possível o que parece impossível. Somente o melhor, o perfeito é destinado àquelas almas que realmente Me amam e Me colocam sempre em primeiro lugar.

2 de janeiro

Não se preocupe se o seu começo neste mundo espiritual é pequeno. Todas as coisas boas começam pequenas. O imponente carvalho começa de uma pequena bolota. É de uma sementinha que brotam as plantas e flores mais maravilhosas. A partir de uma sementinha de amor muitas vidas podem ser modificadas. De um pequeno pensamento de fé e crença pode acontecer milagre após milagre. Pequenas coisas crescem e se tornam grandes coisas. Seja grato por todas as pequenas coisas da vida; e, à medida que elas forem crescendo, você deverá ser grato por cada uma em especial e você deverá expressar sua gratidão em palavras e obras. Permita que o que existe no interior se expresse no exterior. Lembre-se sempre que um coração agradecido é um coração aberto, e é muito mais fácil para Mim trabalhar dentro e através de um coração aberto. Agradeça e continue agradecendo sempre por tudo para que Eu possa trabalhar em você e através de você a todo momento e possa operar Meus milagres e glórias para que sejam visíveis por todos.

3 de janeiro

Sempre que você amar, ame de todo coração
e nunca tenha medo de mostrar o seu amor.
Deixe que seu amor seja como um livro
aberto que pode ser lido por todas as almas.
É a coisa mais maravilhosa do mundo, por
isso deixe esse amor divino interior fluir
livremente. O amor não é cego: ele vê o
que há de melhor na pessoa amada e assim
faz emergir o que há de melhor. Não fique
escolhendo a dedo aqueles a quem você vai
amar. Apenas deixe seu coração aberto e
mantenha o amor fluindo igualmente para
todas as almas. Assim você estará amando
com o Meu amor divino. Ele é como o sol
e brilha igualmente para todos. O fluxo
do amor nunca deve ser aberto e fechado
como uma torneira. O amor não deve ser
exclusivo, nem possessivo. Quanto mais você
estiver desejoso de compartilhá-lo, maior
ele se tornará. Agarre-se a ele e você o
perderá. Deixe-o livre e ele retornará a você
multiplicado e se tornará uma alegria e uma
bênção para todos que dele compartilharem.

4 de janeiro

O que significa para você viver pela fé?
Em que reside a sua segurança? Nas
pessoas? Na sua conta bancária? Ou ela
está firmemente enraizada em Mim, o
Senhor seu Deus, a divindade dentro de
você? Reflita sobre isso e você saberá sem
sombra de dúvida exatamente onde residem
sua fé e sua segurança. Você é capaz de dar
um grande passo em sua vida com alegria
e destemor, sem nenhum apoio? Quando
você sabe que uma coisa está certa, você
é capaz de fazê-la sem hesitação? Você
consegue colocar sua mão na Minha com
confiança e dizer "O que é Seu será feito"
de todo coração e alma, e dar o passo para
o desconhecido, pronto para aceitar o que
vier? A única maneira de aumentar a fé é
dando primeiro passos pequenos e hesitantes
e depois passos maiores até que sua fé esteja
tão forte que você possa dar enormes saltos
para o desconhecido porque sabe que
EU ESTOU sempre com você.

5 de janeiro

Você está disposto a mudar? Pare um pouco e, na quietude, seja muito honesto consigo mesmo. Você se sente complacente e satisfeito com você mesmo? Ou você acha que os outros precisam mudar mas que sua vida está boa? Se esta é a sua atitude, já é tempo de fazer uma boa faxina e virar do avesso sua maneira de pensar, toda a sua vida, na verdade e rever seu conteúdo. Depois que você tiver tirado tudo para fora, só guarde outra vez aquilo que for de melhor e que você tenha absoluta necessidade. Quanto mais vazio você estiver, melhor, porque então você terá espaço para ser preenchido com o novo. É quando você não tem nada e se sente completamente vazio que Eu posso me aproximar. Não se desespere se você se sentir despojado de tudo. Chame por Mim e Eu lhe darei o reino. Eu não nego nada às almas que procuram Minha ajuda e orientação com verdadeira humildade e amor.

6 de janeiro

Nunca sinta inveja dos avanços e conquistas espirituais das outras pessoas. Entenda que você também é capaz de fazer o mesmo. Mas você tem que dar o primeiro passo e não ficar somente lamentando o que a vida lhe destina. Todas as almas podem alcançar as alturas. Cada alma pode entrar em contato direto coMigo. Cada alma, se desejar e aceitar o fato, pode falar e andar coMigo. Você deve acreditar que isso é possível e você deve querer realizar isso; assim você certamente conseguirá. Não são necessárias muitas vidas. Não é preciso nem muito tempo. Você pode mudar num piscar de olhos se você assim o desejar. Num momento você pode estar caminhando numa velha trilha, e, no momento seguinte, num novo e glorioso caminho. Isso pode acontecer num instante, sem esforço de sua parte, somente com um profundo desejo, determinação, fé e crença absolutas. Por que não tentar e deixar Minha paz e Meu amor preencherem e envolverem você?!

7 de janeiro

Nunca, em nenhum momento, feche seu
coração e sua mente. Nunca tenha medo
do novo, do estranho, do não convencional.
Esteja pronto e preparado para dar ouvidos
à intuição, à inspiração que poderá revelar
algo tão completamente novo que não
terá forma nem substância, e que você
talvez tenha que procurar palavras para
descrever. Orgulho intelectual pode ser um
empecilho neste caminho espiritual e um
grande obstáculo para a verdade. Você não
precisa do intelecto, mas sim da inspiração
e da intuição. O intelecto vem do exterior,
enquanto que a inspiração e a intuição vêm
do interior e não podem ser influenciadas
por nada do exterior. Permita que seu
aprendizado venha do interior: Utilize o
que você tem em seu interior. Você se
surpreenderá com o quanto você contém.
É ilimitado porque vem de Mim e EU SOU
ilimitado, e tudo que vem de Mim é ilimitado
e eterno.

8 de janeiro

O que é que você está retendo em sua consciência? Eu quero somente o que você tem de melhor, de mais elevado. Se você, por sua livre vontade, escolhe, atrai e se satisfaz com menos que o melhor, Eu não posso fazer nada. Nunca tenha medo de desejar somente o melhor. Nunca sinta que você não merece e que não há razão para você ter o melhor. Eu lhe afirmo que é sua verdadeira herança e que você tem direito a ela; você tem que aceitá-la e desejá-la. Ela é sua, é Meu presente para você. Você vai aceitá-la com o coração agradecido ou vai recusá-la? Não permita que uma falsa humildade impeça você de aceitar o que é seu por direito; e não aceite apenas, mas regozije-se e agradeça eternamente. Faça de sua herança o seu tesouro e observe os prodígios que se sucederão em sua vida, sabendo, sem sombra de dúvidas, que tudo o que Eu tenho é seu.

9 de janeiro

As almas que se entregam a Mim e que vivem, se movem e habitam na Minha luz, estão totalmente protegidas das forças destruidoras. Por isso, não se curve sob os problemas do mundo ou sob as condições da humanidade. Se você se curvar, não poderá ajudar, porque você se tornará parte do caos e da confusão reinantes no mundo. À medida que a escuridão no mundo se torna mais densa, sua luz interior precisa aumentar em poder e força para que você possa sobrepujar o mundo e mostrar sua luz e vida eterna. Não permita que nada negativo esmaeça a sua luz, mas deixe que ela irradie em você. A luz interior não pode ser extinta por nenhuma força exterior, mas deve permanecer sempre acesa e brilhante, quaisquer que sejam as condições. Com seu exemplo vivo você pode ajudar a transformar a escuridão em luz. Mantenha-se sempre em contato coMigo e permita que Eu o inspire de todas as maneiras.

10 de janeiro

Aprenda a procurar pelas respostas em seu interior. Recolha-se na quietude e encontre as respostas no silêncio. Não desanime se elas não vierem imediatamente. Simplesmente espere por Mim e saiba que Minha sincronicidade é perfeita e está em perfeita harmonia com o ritmo de toda a criação. Quando a vida não está correndo bem, é muito fácil largar tudo e tentar fugir, em vez de encarar suas responsabilidades, permitindo que quietude e confiança sejam sua força. Procure a Minha vontade antes de tudo mais. Quando você realmente Me amar, você terá vontade de realizar os Meus desejos, porque o amor quer fazer tudo pelo Amado. Portanto, quando você escutar Minha serena e pequena voz bem dentro de você, faça tudo o que Eu lhe pedir por amor a Mim. Saiba que Eu nunca o abandonarei nem renunciarei a você. Saiba que somente o melhor surgirá do que você fizer por Mim.

11 de janeiro

São muitos os caminhos, mas a meta é uma só. Para atingir essa meta existem caminhos fáceis e caminhos difíceis. Existe a estrada reta e a estrada sinuosa que passa por muitos atalhos antes de chegar lá. A escolha é sempre do indivíduo. Você é absolutamente livre para escolher seu próprio caminho. Portanto, procure e siga o seu, mesmo que no fim você perceba que desperdiçou tempo seguindo pela estrada sinuosa quando poderia facilmente ter tomado a estrada reta. Você sabe para onde está indo e o que está fazendo? Você sabe que está no lugar certo e em paz consigo mesmo? É importante que você questione o seu coração e descubra, porque você não pode dar o melhor de si mesmo se você não estiver no seu lugar certo, fazendo com alegria e amor o que você sabe que deveria estar fazendo.

12 de janeiro

Quando uma criancinha que está aprendendo
a andar cai, ela não se desencoraja, mas
levanta e tenta vezes seguidas até dominar
a arte de andar. O mesmo acontece
com a vida espiritual. Não permita, em
nenhum momento, que aparentes derrotas
desencorajem seu progresso no caminho
espiritual. Se você cair, simplesmente
levante-se e tente outra vez. Não se contente
em ficar mergulhado em autopiedade,
dizendo que não dá para continuar e que
a vida é muito difícil. Sua atitude deve ser
sempre de absoluta certeza interior que,
depois que seus pés estiverem firmes no
caminho espiritual, você atingirá sua meta no
final, não importando os obstáculos que você
encontrar no percurso. Você descobrirá que
o tempo que você passar sozinho em silêncio
vai recarregá-lo espiritualmente e ajudá-lo
a encarar o que aparecer à sua frente sem
hesitação ou temor. É por isso que o tempo
que você passa coMigo cada manhã fortifica-
o para o que quer que seja que o dia possa
trazer.

13 de janeiro

Sem fé você não pode trilhar este caminho
espiritual. Sem confiança não existe amor, e
sem amor a vida é vazia. Abra seu coração
e mantenha o amor fluindo, sem se importar
se a vida parece difícil na superfície. Erga-
se acima de suas condições e circunstâncias
externas, adentre as regiões onde tudo é luz,
tudo é paz, tudo é perfeição e não há cisão.
Você deve fazer sua escolha e agir. Não
permita que nenhum fator externo o demova.
Lembre-se que depois da tempestade, vem a
bonança. Aprenda a voar como um pássaro,
sempre, sempre para cima, cantando cânticos
de louvor e gratidão. Não permaneça
ancorado às maneiras tradicionais do mundo,
ao materialismo da vida. Somente o caminho
do Espírito tem importância. Comece
agora a viver pelo Espírito e caminhe nos
caminhos do Espírito.

14 de janeiro

Existem tantas coisas maravilhosas para
se fazer na vida, mas qual é a que você
faz melhor? Descubra e vá em frente:
faça com entusiasmo. Não perca tempo e
energia pensando em fazer alguma outra
coisa, ou desejando estar em outro lugar,
com outras oportunidades. Entenda que
você está exatamente onde deveria estar e
na hora certa, e que você está aí por um
motivo específico, para cumprir uma tarefa
específica. Portanto, dê o máximo de si para
essa tarefa e cumpra-a com amor e alegria.
Sinta como a vida pode ser divertida, não
só para você, mas para todos à sua volta. A
não ser que você doe o melhor de si mesmo
para o todo, você não pode ter esperança de
se tornar parte desse todo. Você se desliga
dele e não haverá plenitude em você. Você
sentirá uma profunda satisfação quando fizer
o que tem que fazer com perfeição e para o
benefício do todo!

15 de janeiro

Por que não relaxar? Desligue-se e entregue-se a Mim, pois quanto mais pressão e aceleração houver em sua vida, menos você conseguirá produzir. Permita-se fluir com a natureza, com a maré, e faça o que tem que ser feito com simplicidade, natural e alegremente. Por que não aproveitar a vida em vez de vivê-la com uma determinação sombria, forçando-se a fazer coisas aqui e ali sem qualquer alegria ou amor? A vida é maravilhosa quando se está em harmonia com ela e não há resistências inúteis. Por que complicar as coisas para você mesmo? Faça deste dia de hoje um dia especial e só veja o que há de melhor em tudo. Agradeça por tudo. Aproveite tudo como deve ser aproveitado. Eu quero que você aproveite a vida. Comece olhando a beleza da natureza à sua volta e você perceberá que uma coisa linda leva à próxima, até que toda a sua vida estará repleta de encantamento e alegria.

16 de janeiro

Se você tem dúvida sobre alguma decisão
a ser tomada, silencie e espere por Mim, e
nunca se apresse a fazer algo sem a Minha
bênção. Saiba sempre em que direção está
indo e você não se perderá pelo caminho; é
por isso que é importante que você espere
até que Eu lhe dê o sinal verde antes de ir
em frente. Silenciar e esperar por Mim
não é perda de tempo. Quando você faz a
coisa certa, você ganha mais tempo do que
se você se apressar, fizer a coisa errada e
tiver que voltar e começar outra vez o que
você fez impetuosamente e sem orientação.
Quando você sabe que uma coisa está certa,
não hesite em completá-la imediatamente.
É quando existe aquela leve impressão de
incerteza sobre algo que você deve esperar,
esperar e esperar até que tudo fique muito
claro para, só então, você agir.

17 de janeiro

A vida sem oração é vazia e sem sentido, porque é esta comunhão com seu eu superior que lhe revela a plenitude desta vida gloriosa que é sua verdadeira herança. Que suas orações sejam muito positivas e construtivas, e agradeça pelo que você está para receber mesmo antes de rezar por isso. Enquanto estiver rezando, sinta a unidade em toda a vida, sinta que não existe separação, pois tudo é um. A oração tudo une; faz tudo convergir para um todo perfeito. Fale coMigo e Me escute. Não perca tempo suplicando por isto ou aquilo, porque isto não é a verdadeira oração. Suplicar é criar cisão, e Eu quero criar união em todos os momentos. Nós somos um. EU SOU e EU ESTOU dentro de você; não é necessário que você Me procure fora de você. EU SOU e EU ESTOU sempre aqui esperando que você Me reconheça. Reconheça a nossa unidade agora; Eu em você e você em Mim.

18 de janeiro

A decisão é sua de fazer deste dia o dia mais maravilhoso já vivido, através da sua atitude correta e do seu pensamento positivo. Veja este dia como o Meu dia, um dia totalmente abençoado por Mim; veja tudo se desenrolar com perfeição sem nem um desapontamento para estragá-lo. Por que você se desapontaria com algo que pode acontecer hoje? Lembre-se que você tem controle total dos acontecimentos. Você é o dono da situação; portanto, depende de você a maneira como o dia se desenrola. Se você se defrontar com um problema, lembre-se que há uma solução para ele e não se deixe desanimar. Encare-o como um degrau, como um desafio, e a solução se apresentará. Nunca, jamais, permita que o problema controle você. Você tem que conseguir. Você tem que se esforçar para pensar positivamente, pensar grande, pensar sucesso. E então observe, passo a passo, o sucesso acontecer.

19 de janeiro

Você não pode querer crescer espiritualmente se não estiver preparado para mudar. Estas mudanças podem começar a acontecer devagar, mas, à medida que você se aprofundar mais e mais no novo, elas se tornarão mais drásticas e vitais. Às vezes é necessário uma virada completa para que surja um modo de vida totalmente novo. Mas é incrível como você pode se adaptar logo às mudanças se você acreditar com coragem e convicção que essas mudanças estão acontecendo pelo seu bem. Perfeição deve ser sempre a sua meta. Tente sempre se esforçar mais e alcançar o que parece impossível. Cresça sempre em sabedoria e compreensão, e nunca se satisfaça em se manter estático. Há sempre algo mais para se aprender. Há sempre algo novo e maravilhoso para descobrir nesta vida, por isso expanda sua consciência e sua imaginação para dar lugar para as novas descobertas. Mantenha-se aberto e receptivo para que você não perca nada.

20 de janeiro

Tudo que Eu tenho é seu quando você
aprende a respeitar as suas prioridades,
mas você deve silenciar e procurar em
seu coração para saber o que você está
colocando primeiro em sua vida. Lembre-
se que você não pode esconder nada de
Mim, por isso seja completamente franco
e honesto consigo mesmo. O trabalho
que você faz para Mim significa mais do
que qualquer coisa ou você está inclinado a
colocá-lo em segundo plano e somente fazer
a Minha vontade quando lhe for conveniente?
Se é assim, você não está colocando o que
deve em primeiro lugar. Só quando você se
entrega totalmente a Mim é que Eu posso
trabalhar livremente em você e através de
você para realizar Minhas maravilhas e
glórias. Que sua entrega não seja hesitante
e medrosa. Quando você doar algo, doe de
todo coração, com verdadeiro amor e alegria,
e não sinta qualquer remorso. Saiba que Eu
usarei o seu presente da maneira certa, para
Minha honra e glória e para o benefício do
todo.

21 de janeiro

Comece o dia dando graças. Conscientize-se que você é abençoado e que Minhas bênçãos estão sendo constantemente derramadas sobre você. Não importa se você foi ingrato ontem; o que importa é sua atitude agora. Não perca tempo com os erros do passado, simplesmente aprenda com eles e depois siga em frente, apreciando a vida e agradecendo por tudo. Quando se é grato e se aprecia todas as coisas boas da vida, o amor flui livremente para você e através de você. Deixando de agradecer e apreciar todas as Minhas perfeitas dádivas, você se torna seco e frágil: torna-se autocentrado e deixa de se preocupar com o seu próximo. A maneira mais rápida de mudar esta atitude errada é começar a pensar nos outros e viver e servir ao todo. Você então vai descobrir que o egoísmo irá se dissolver e desaparecer. Portanto, por que não começar agora?

22 de janeiro

Pare de andar em "ponto morto", engate a marcha e faça alguma coisa da sua vida. Há muitas avenidas a serem exploradas, portanto, por que não explorá-las agora? Nunca tenha medo de dar um passo para o desconhecido, para o novo. Faça isso sem temor, sempre esperando que o melhor aconteça. A vida é muito emocionante e excitante, mas é preciso estar disposto a crescer em direção ao novo com absoluta fé e confiança. Permita que Eu seja seu guia e companheiro constante. Há muito em você esperando para ser revelado quando você estiver pronto. Você deverá estar devidamente equipado para esta vida de aventura e, antes de se aventurar em frente, deverá aprender lições vitais importantes, lições fundamentais de obediência e disciplina. Para tanto você terá que passar por provas e testes. Mas não se impaciente, nem se irrite com isso, e sim agradeça por ter sido escolhido para seguir este caminho espiritual.

23 de janeiro

Por que deixar para depois algo que já é sua
herança divina? Eu estou dentro de você,
mais próximo que a própria respiração,
mais perto que mãos e pés. Você pode
aceitar isso? Ou você ainda tem dúvidas
e fica imaginando se isso é possível? É
algo que cada um tem que resolver por si
mesmo. Pode-se falar nisso vezes e vezes
seguidas, mas não significa nada até que
se esteja pronto a aceitar como verdade
e compreender a maravilha do fato. Ou
a Minha presença em você é só um lindo
sonho que talvez um dia se torne realidade?
Quanto tempo é desperdiçado com dúvidas
e descrenças! Somente quando se conhece
a verdade é que a verdade liberta. Não
basta ouvir, falar, comentar ou ler sobre
isso. A verdade deve morar, se mover e
se concretizar dentro de você. Só então
ela o libertará e você saberá o verdadeiro
significado de liberdade do coração,
da mente e do espírito.

24 de janeiro

Deixe de pedir ajuda aos outros; procure dentro de você e encontrará socorro. Vá sempre à Fonte para obter a resposta e não se satisfaça com nada de segunda mão, com nada que não seja do mais alto. Começando de baixo e trabalhando em direção ao topo, você será limpo e purificado e poderá começar baseado em fundações sólidas que nada, nem ninguém, poderá abalar ou destruir. Desde que as fundações sejam firmes, você poderá continuar a construir sem preocupações. Certifique-se para que suas fundações estejam enraizadas e embasadas em Mim, nos ensinamentos do Espírito, e não nos ditames do mundo que estão aqui hoje e amanhã já se foram. Viva, mova-se e tenha todo o seu ser em Mim. Deixe que a Minha paz e o Meu amor o preencham e o envolvam. Eleve seu coração em profundo amor, louvor e gratidão e sinta-se em perfeita paz à medida que você executa a Minha vontade e percorre os Meus caminhos.

25 de janeiro

Não permita fantasias em sua vida espiritual. Esta é uma vida muito real e prática, cheia de fatos excitantes e expectativas. Espere que o impossível se torne possível. Espere que aconteça milagre após milagre simplesmente porque você está vivendo e demonstrando as Minhas leis divinas. Quando você vive pelas Minhas leis, qualquer coisa pode acontecer a qualquer hora, porque você está em sintonia com poderes superiores e está trabalhando num nível superior de conscientização. Você é um com a Mente Universal, um coMigo. Quando não existe separação e nós estamos trabalhando como se fôssemos um, tudo se torna possível. Por isso, sintonize-se. Comece o dia entrando em sintonia coMigo através da quietude, da paz interior e da serenidade que nada pode destruir. Um sensível instrumento de cordas deve ser afinado antes de ser tocado. Quanto ainda você terá que se afinar cada dia antes que você entre no tom e comece a tocar a sua parte na orquestra da vida?

26 de janeiro

Você não poderá criar algo novo mantendo-se imerso no que é velho. Um recém-nascido não pode se manter ligado à mãe; o cordão umbilical tem que ser cortado para que ele se torne um ser independente. O mesmo acontece com esta vida espiritual. A partir do momento em que você decide trilhar o caminho espiritual e viver de acordo com o Espírito, você tem que se desligar totalmente da sua antiga maneira de viver. Você não pode ficar com um pé em cada mundo. A escolha é sua. Que não haja retorno nesta decisão. Siga sempre em frente. Quando a caminhada ficar difícil, talvez você deseje voltar aos "bons velhos tempos." Mas não há volta nesta vida. O bebê não pode voltar para dentro de sua mãe quando a vida fica dura demais. Um pintinho não pode voltar para sua casca e uma borboleta não volta para sua crisálida. A vida não pode andar para trás. Tem que andar para a frente, sempre para a frente.

27 de janeiro

Você percebe que através do que você
faz e da maneira como você vive e pensa
você pode ajudar ou atrapalhar o estado
do mundo? Não se deixe mais atrair
pelo rodamoinho de caos e confusão, de
destruição e devastação, e comece agora
a se concentrar na maravilha e na beleza
do mundo à sua volta. Agradeça por tudo.
Abençoe todas as almas que você contatar.
Recuse-se a ver o que existe de ruim nas
pessoas, coisas e acontecimentos, e procure
sempre pelo que há de melhor. Não seja
como o avestruz, escondendo a cabeça na
areia e se recusando a encarar a realidade do
mundo. Simplesmente procure e concentre-
se no que há de melhor em tudo e em todos.
Você é um pequeno mundo dentro de você
mesmo. Existindo paz, harmonia, amor e
compreensão bem dentro do seu pequeno
mundo, você refletirá tudo isso para o mundo
à sua volta. E quando você conseguir isto,
estará começando a ajudar toda a condição
atual do mundo.

28 de janeiro

Por que não tentar escutar os sons
inextricáveis que só podem ser ouvidos em
completa quietude, quando você se afina
com os ensinamentos do Espírito? Nesse
estado de perfeita paz, toda a sua vida muda,
e uma profunda tranquilidade e serenidade
irradiam do seu interior. Você se torna um
com o todo da vida. Você se sente enlevado,
inspirado e iluminado porque todo o seu ser
está repleto com a Minha luz divina. Você
passa a compreender não com a mente, mas
com a consciência superior e com o coração.
Você deixa de viver centrado em si mesmo.
O ego é completamente esquecido e sua
vida passa a ser de serviço e doação para
o seu próximo. É somente doando que se
encontra aquela maravilhosa alegria interior
e felicidade que nada, nem ninguém, pode
tirar de você. A alegria vem do serviço e o
serviço vem da dedicação. Dedique-se
a Mim e ao Meu serviço agora e sinta
como você se expande.

29 de janeiro

Você está pronto para mudar as suas
ideias e a sua maneira de pensar? Você
está preparado para aceitar o novo sem
reservas? Algumas almas conseguem ser
flexíveis e mudar sem problemas, mas outras
sentem dificuldades, e isto acarreta tensão e
preocupação em suas vidas. E o que é pior,
em alguns casos causa estagnação. Você
deve ser corajoso, seguir em frente para
o novo, navegando sem medo por mares
desconhecidos. Eu estarei guiando você e
não permitirei que nada de mal lhe aconteça.
Aceite-Me como seu guia e companheiro
constante. Não lhe foi pedido que navegasse
pelas águas desconhecidas sem piloto. EU
SOU seu piloto e jamais o decepcionarei.
Confie em Mim plenamente. Se o caminho
ficar difícil não fique com medo; se for
perigoso, não se preocupe. Eu o guiarei
através de tudo. Mas lembre-se: solte as
amarras e deixe que Eu o guie, não resista.

30 de janeiro

Você sente verdadeira alegria com o trabalho
que está fazendo e com a vida que está
levando? Você se orgulha do trabalho que
não é só bem feito, mas feito com perfeição?
É desagradável para você ver as coisas
serem mal feitas e sem vontade? Você está
consciente que você só fica satisfeito quando
dá o melhor de si, colocando todo o seu
coração no que faz, agindo em Meu nome
e pela Minha glória? Então está tudo certo.
Você não deve jamais se satisfazer com um
trabalho feito pela metade, ou mal feito.
Faça o que deve ser feito com alegria e amor,
e que esta disposição esteja presente em tudo
que você faz, desde as tarefas mais simples,
até os trabalhos vitalmente importantes.
Certifique-se que sua atitude é sempre a
correta para que você só coloque as vibrações
certas no que estiver fazendo. E você irá
descobrir que agindo assim, além de tudo,
você vai se divertir e apreciar muito mais o
seu trabalho.

31 de janeiro

Eleve sua consciência e perceba que você não
tem idade. Você é jovem como o tempo e
velho como a eternidade. Vivendo plena e
gloriosamente o presente, você se manterá
sempre jovem como o presente, você estará
constantemente renascendo no Espírito e
na verdade. Você não pode permanecer
estático nesta vida espiritual, há sempre
algo novo e excitante para se aprender e
para fazer. Viver num estado de expectativa
o mantém para sempre alerta e jovem. É
quando a mente envelhece e perde a graça
que a vida perde o brilho e o interesse.
Quando sua mente não conseguir entender
uma nova verdade, sente-se, aquiete-se e
eleve sua consciência, sintonizando-se com
a infinita Mente Universal, tornando –se um
com ela e coMigo, e então você será capaz
de compreender tudo. Mantenha sua mente
alerta e você nunca irá envelhecer. A fonte
da juventude é a sua consciência; a alegria de
viver é o elixir da vida.

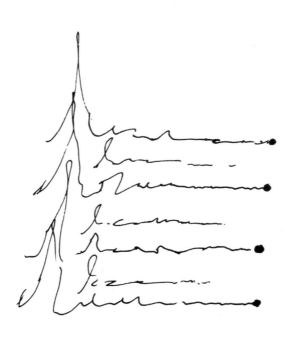

FEVEREIRO

*Eu vi um mar bravio e revolto,
com ondas enormes. Então percebi que
sob a superfície havia calma e quietude.
Eu ouvi as palavras:*

Procure a paz que flui por toda a
profunda compreensão interior e,
quando a encontrar, retenha-a, não se
importando com o que esteja se
passando ao seu redor.

1 de fevereiro

Em que você acredita? Você acredita em Mim? Você acredita que pode caminhar e conversar coMigo? Você acredita que, quando você vive esta vida espiritual plenamente integrado e sintonizado coMigo, ela se torna uma vida muito prática e tudo dá certo? Aquiete-se, considere e pese suas crenças e, acima de tudo, aprenda a viver de acordo com elas. Almas demais falham deixando de pôr em prática esta maneira de viver. Elas comentam a respeito, mas ainda não conseguiram provar para elas mesmas e para o mundo que viver assim funciona, que quando você Me reconhece em tudo, Me chama e procura a Minha ajuda, tudo começa a entrar nos eixos em sua vida. Quando você obedece a Minha pequena voz interior, você começa a desabrochar como uma linda flor e percebe como esta vida é prática e maravilhosa.

2 de fevereiro

Há muito a ser feito, mas você deve canalizar suas energias na direção certa e não desperdiçá-las se dispersando em muitas atividades. Para isso é necessário a autodisciplina. Você deve descobrir qual é o seu trabalho e ir em frente, sem cair na tentação de tentar fazer mil e uma tarefas diferentes. Você necessita variedade e precisa ser flexível, mas sem dissipar sua energia. É melhor fazer perfeitamente uma coisa de cada vez do que fazer várias coisas mal feitas. Eu lhe peço para não ser um amador intrometido em várias atividades, mas sim um perfeccionista em cada coisa que fizer. Esteja sempre pronto a aprender e nunca pense que já sabe todas as respostas. Há sempre algo de novo para aprender. Aprenda a fazer com perfeição aquilo que você sabe fazer. Os seus padrões devem ser os melhores.

3 de fevereiro

Sua vida se torna mais rica e abençoada à medida que você segue Meus ensinamentos e obedece Minhas leis. Desobedeça essas leis e, mais cedo ou mais tarde, você começará a escorregar morro abaixo até descobrir onde errou e corrigir esses erros. Você irá então aprender que deve ordenar as suas prioridades, se afastando do mau caminho e se aproximando de Mim e do Meu reino. Não é fácil atingir o fundo do poço e descobrir que não há motivação na sua vida. No entanto, isso terá que acontecer. Coloque então seu pé no primeiro degrau da escada e comece a subir, não se importando com as dificuldades que possam surgir. À medida que você for subindo, gradualmente se libertando do desânimo no qual estava imerso, sua vida começará a mudar e você encontrará sua real finalidade na vida.

4 de fevereiro

Viver uma vida espiritual não significa se privar dos bens materiais que você deseja e que facilitam a vida. Significa que você deve utilizar esses bens para o benefício do todo e para Minha honra e glória. Quando você não precisar mais de um bem, seja ele qual for, ele Me será devolvido com amor e gratidão, porque você sabe que tudo que você tem é Meu. Você descobrirá que quanto mais você doar, mais espaço haverá para receber. Aceite tudo que você precisa, mas nunca tente possuir as coisas. Quanto mais possessivo você for, maior a probabilidade de você perder. Meus depósitos estão transbordantes. À medida que você acertar os seus valores, nada lhe faltará. Mas lembre-se sempre de Me colocar em primeiro lugar, de agradecer por tudo e de Me devolver o que você não for mais usar.

5 de fevereiro

Quando lhe forem dadas responsabilidades,
carregue-as com alegria e sem se curvar
sob seu peso. Veja que sejam cumpridas à
risca e até o fim, não importa quão difíceis e
pesadas possam parecer. Lembre-se sempre
que Eu jamais lhe dou mais do que você é
capaz de fazer, sem lhe dar também a ajuda
e a força necessárias. À medida que você
assume suas responsabilidades, você cresce
em estatura e força e torna-se confiável para
que Eu possa lhe entregar responsabilidades
ainda maiores. Eu necessito de mais e mais
pessoas confiáveis para carregarem a carga.
Eu necessito você disposto e capaz de fazer
isso sem medo. Em momento nenhum
seja um derrotista. Você é capaz de tudo
quando se decide, e se recusa até em pensar
em fracasso. Simplesmente acredite no seu
sucesso e você o terá.

6 de fevereiro

Seja guiado em tudo que você faz e diz. Aprenda a ser bem paciente e saiba esperar pelo momento certo. Confie que tudo dará certo se você esperar por Mim e não se precipitar sem um guia. Muito está para acontecer, mas no momento certo. Tudo está se acelerando, mas irá acontecer um processo de desdobramento de acordo com a perfeita harmonia e ritmo do Meu plano. Nada está fora do ritmo, por isso trabalhe a favor do plano e não contra ele. Se você tentar trabalhar contra, você simplesmente ficará exaurido, sem nada conseguir, será como nadar contra a correnteza; ou você ficará estacionado mesmo nadando com todas as suas forças. Ou você será levado para trás pela força da maré. Evite trabalhar contra algo que é inevitável; aprenda, de uma vez, a seguir o plano com absoluta calma e certeza que você está fazendo a coisa certa na hora certa.

7 de fevereiro

Dê-se um tempo para indagar ao seu coração: você está encarando alguém ou alguma coisa com indiferença? Você se sente entediado e cansado da vida? Você é aquele que dá ou aquele que recebe? Sua vida é servir ao próximo ou você exige certos direitos para você mesmo? Você não pode esperar encontrar a verdadeira e duradoura felicidade se você não se doar e servir sem pedir nada para si. Só quando você aceitar que esta é uma vida de serviço, de doação, uma vida completamente dedicada a Mim e ao Meu serviço, uma vida em que o ego é esquecido e você vive para o todo, só então você compreenderá o que Eu pretendo quando digo que a vida que você leva é verdadeiramente plena e gloriosa e que você é um ser abençoado. Portanto, comece agora a expandir a sua consciência. Comece a viver e trabalhar pelo todo, e perceba como toda a sua aparência e atitudes irão mudar.

8 de fevereiro

Acorde refrescado e renovado, acreditando que somente o melhor vai lhe acontecer neste dia glorioso e, portanto, recebendo somente o melhor. Nunca comece o dia nervoso e cheio de tensões. Sono e descanso renovam e revitalizam o Espírito. Comece seu novo dia com o pé direito e com o coração cheio de amor e gratidão, cheio de grandes expectativas. Este dia que se inicia não tem manchas, nem defeitos, então, por que não conservá-lo assim? Mantenha sua consciência elevada ao mais alto grau e veja as coisas maravilhosas que irão acontecer neste dia. É um novo dia e um novo caminho. Deixe o ontem para trás, com seus erros e falhas, e vire uma nova página. Por que arrastar o que é velho com você para este novo dia? Aprenda suas lições, mas não se preocupe tanto com elas a ponto delas impedirem que você se lance no novo com o coração cheio de paz e alegria.

9 de fevereiro

O novo céu e a nova terra já estão aqui. É só uma questão de reconhecer e aceitar o que está acontecendo e elevar sua consciência de maneira a se tornar totalmente alerta para tudo o que se passa dentro e fora de você. Se você não está alerta para tudo o que está acontecendo neste momento, isso não quer dizer que não está acontecendo nada. Significa somente que você se fechou por causa do orgulho e da arrogância que o cegam para as maravilhas à sua volta. Eleve mais e mais a sua consciência. Quanto mais alto, mais claramente você verá a verdade, sem nada para bloquear a visão total. E quando você se aperceber da maravilha dessa visão, traga-a para baixo e viva-a; faça com que ela se torne parte do seu dia a dia. Uma visão só se torna realidade quando é manifestada em forma. Eu lhe digo para ver agora Meu novo céu e Minha nova terra manifestados em forma.

10 de fevereiro

Mire para o alto; quanto mais alto, melhor. Mesmo que você não atinja o alvo mais alto toda vez, pelo menos você estará se esforçando ao máximo de sua capacidade. Sempre espere o melhor da vida; visualize-se recebendo o melhor, e agradeça eternamente por isso. Lembre-se que Eu conheço as suas necessidades e, mesmo antes de você pedir, seus desejos já estão sendo realizados. Como você é abençoado por saber estas verdades maravilhosas e por ser capaz de absorvê-las no mais íntimo de seu ser! Estar alerta sobre as tremendas mudanças e o constante crescimento e expansão em todos os níveis! Saber que, apesar de todos os distúrbios que irão acontecer no mundo para que o velho dê lugar ao novo, nenhum mal vai atingir aquelas almas que aprenderam a colocar sua fé e confiança em Mim! Saber, sem sombra de dúvidas, que coMigo tudo é possível!

11 de fevereiro

Enquanto você não estiver disposto a se entregar a Mim e se recolher na quietude para poder se sintonizar coMigo, Eu não terei um canal para poder trabalhar. Lembre-se sempre, você tem que fazer a sua parte. Você tem que ordenar suas prioridades e, agindo assim, abrir todas as portas, e então Eu serei capaz de trabalhar maravilha após maravilha em você e através de você. Sem canais, Meu trabalho é tolhido. Eu preciso de mais e mais canais desobstruídos no seu centro para que nada Me impeça de fluir livremente em você e através de você. Eu não posso usá-lo até que você tenha se dado. Eu nunca tomo nada que não me tenha sido dado de boa vontade. Portanto, doe-se inteiro a Mim, não segure nada, e, ao se dar, esqueça completamente o ego. Entre no ritmo da vida, no Meu ritmo, e flua com graça e despreocupação. Não perca mais tempo pensando sobre isso, mas faça alguma coisa a respeito.

12 de fevereiro

Perceba a perfeição do padrão e do plano
que permeiam a sua vida. Nada acontece
por acaso. Às vezes parece que acontecem
coisas estranhas, mas tudo faz parte do Meu
divino plano. Você não estaria fazendo
o que faz, neste momento e neste lugar,
se Eu não tivesse estendido Minha mão
sobre você. Minhas maneiras não são
as suas. Procure sempre fazer a Minha
vontade. Eu sei o que é melhor para você,
por isso não lute, achando que o seu jeito
é melhor. Tenha absoluta fé e confiança
em Mim. Saiba que EU ESTOU sempre
aqui e nunca o deixarei na mão. Procure
sempre por Mim. Ouça o que Eu tenho a
lhe dizer no silêncio e obedeça ao Meu mais
leve murmúrio. A obediência desvenda para
você uma vida completamente nova e libera
energias que estavam escondidas bem no
fundo de você, esperando o momento certo
de serem libertadas, o momento em que
você estaria preparado para segui-las sem
questionamento.

13 de fevereiro

Alimente-se da infinita fonte de poder e
força interiores e você ficará surpreso com
as coisas aparentemente sobrenaturais que
começará a fazer, simplesmente porque você
estará trabalhando pelas Minhas leis divinas.
Qualquer coisa pode acontecer, porque as
Minhas leis são as chaves que abrem todas as
portas e fazem com que tudo seja possível.
Reconheça-as como sendo Minhas leis e
nunca deixe de agradecer por tê-las, e só
as use para Minha honra e glória e para o
benefício do todo. Colocando corretamente
as Minhas leis em prática, somente coisas
maravilhosas irão acontecer e todos se
beneficiarão. O poder, usado corretamente
e sob a Minha orientação, pode mudar o
curso da história, criando um novo céu e uma
nova terra. Usado de maneira errada, só
pode causar devastação e destruição. Não se
deve brincar com o poder, mas sim tratá-lo
com grande respeito. EU SOU o poder. Eu
tenho toda a criação em Minhas mãos e você
é parte do todo. Una-se a ele e encontre
nele o seu devido lugar.

14 de fevereiro

O amor está no ar. Sinta seu calor, sua alegria e a liberdade que ele traz. O amor é um estado de espírito interior. Não é preciso falar sobre ele, porque ele se expressa de mil e uma pequenas maneiras. O amor está em todo lugar, mas você tem que estar alerta para poder apreciá-lo plenamente. O ar que você respira está em todo lugar, mas você nem se apercebe disso e do fato que é o ar que o mantém vivo. Não deixe nada passar despercebido para que você não perca a alegria e o brilho da vida. O amor começa pequeno e depois cresce mais e mais. Quando você ama verdadeiramente uma pessoa e ela também o ama, a fé e a confiança são recíprocas. Mantenha esse amor fluindo e não deixe que nada interfira. Deixe Meu amor divino fluir através de tudo e conheça a paz que ultrapassa toda compreensão.

15 de fevereiro

O segredo para fazer as coisas funcionarem é
querer que elas funcionem, e ser tão positivo
a respeito que não reste possibilidade de
que isto não aconteça. Lidar de má vontade
com um trabalho difícil não traz sucesso,
mas quando esse trabalho é feito de coração,
com um real desejo de vê-lo bem terminado,
então só o melhor pode advir. Faça tudo
que você se propõe a fazer de coração,
desde a tarefa mais corriqueira até o mais
complicado e difícil trabalho. Disponha-se
a aceitar desafios reais em sua vida, sem
se amedrontar. Quando esses desafios
são encarados de maneira certa e com a
sabedoria interior de que sou Eu que estou
trabalhando em você e através de você,
ajudando-o a completar a tarefa, tudo pode
acontecer. Mude a sua maneira de encarar
os fatos e você poderá abrir a porta para
energias muito positivas e criativas que o
inundarão. Compreenda que você pode
mudar, e mudar rapidamente, mas isto está
em suas mãos.

16 de fevereiro

O que é que você está fazendo a respeito do que realmente importa nesta vida? Os seus valores estão corretos? Por que não aquietar-se e, em silêncio, estudar seus motivos e concluir se são os mais elevados possível? Só você, e mais ninguém, pode decidir isso. Pode até acontecer que você tenha que esperar por Mim, sem receber uma resposta imediata. Talvez você tenha lições importantes para aprender através do silêncio e da espera por Mim, especialmente se você for uma pessoa impaciente e exigente. Por que inventar desculpas para si mesmo? Você sabe todas as respostas em teoria; agora é a hora de colocá-las em prática e verificar como funcionam. Você jamais aprenderá essas importantes lições até testá-las pessoalmente. Por que não fazer isto agora e parar de perder tempo? Aprenda a corrigir os seus valores e organizar as suas prioridades. Permita que Eu trabalhe em você e através de você.

17 de fevereiro

Quando você estiver pronto e desejoso de se entregar totalmente a Mim, só então suas menores necessidades serão maravilhosamente realizadas e sua vida fluirá na abundância, pois você abre as comportas quando entrega tudo a Mim. Absorva esta lei em todas as partes de seu ser, até que ela seja inerente a você, até que você vibre com o ritmo de toda vida e entenda o significado do todo, de estar sintonizado com toda a criação e, portanto, sintonizado coMigo. EU SOU o criador de toda a criação; EU SOU o todo de toda vida. Eleve sua consciência e compreenda que EU ESTOU em você, que o todo está em você, e que nada pode separá-lo desta maravilha a não ser as limitações da sua própria consciência. Por que não soltar as amarras e deixá-la se expandir? Não permita que nada impeça essa expansão de consciência até que você possa aceitar que EU ESTOU em você, você está em Mim e nós somos UM.

18 de fevereiro

Quando você distribui incondicionalmente seu amor e sua compreensão, eles lhe serão devolvidos multiplicados. Quando você distribui crítica e negatividade, elas também lhe serão devolvidas multiplicadas. Aquilo que está no seu interior reflete no seu exterior. É impossível esconder seu descontentamento, desagrado ou infelicidade, porque mais cedo ou mais tarde eles irão inchar como uma pústula que terá que ser lancetada. Quanto antes o veneno se dispersar, melhor, e a melhor maneira de conseguir isso é mudando toda a sua atitude. Substitua estes pensamentos venenosos, negativos, críticos, por pensamentos do mais puro amor, harmonia e compreensão. E isto pode e deve ser feito o quanto antes. Você não precisa ficar chafurdando na sua própria infelicidade e depressão e nem deve perder tempo com autopiedade. Quando você quiser fazer algo a respeito da sua condição, faça-o imediatamente. Mudanças podem acontecer num piscar de olhos.

19 de fevereiro

Existem lições muito importantes que deveriam ser aprendidas por cada indivíduo nesta vida. Por exemplo, aprender a fazer o que deve ser feito discretamente, sem perturbar os outros e sem estardalhaço. Não afaste essas lições, achando que você já sabe tudo e que não precisa aprender coisas tão elementares. Recolha-se ao seu interior e não deixe o orgulho o cegar para suas falhas, pois você não poderá ser plenamente usado por Mim se o orgulho espiritual obstruir o caminho. Frequentemente esse orgulho o impede de aprender novas e vitalmente importantes lições que estão aguardando para serem assimiladas, e bloqueia seu crescimento espiritual. Há sempre algo de novo para ser aprendido e absorvido e você só conseguirá fazê-lo se estiver preparado para se abrir e reconhecer suas necessidades. Procure suprir essas necessidades com humildade e profunda gratidão. Você jamais cessará de aprender nesta vida.

20 de fevereiro

Por que ter medo? EU ESTOU sempre com você. EU o precedo para preparar o caminho, e ele se desdobrará à sua frente com perfeição, no momento certo. Você deve ter fé, e essa fé deve ser forte e inabalável para permitir que esta vida seja vivida. Sua fé crescerá à medida que for sendo posta em prática. A fé não é algo para se conversar a respeito. Deve ser vivida para que todos possam ver que ela não é somente uma maneira de se viver nas nuvens, mas é algo real e aplicável ao nosso dia a dia. É inútil conversar ou ler sobre a fé se não se vive por ela. Isso significa ter a coragem de nadar nas águas profundas e não somente ficar andando pelo raso, sentindo a segurança de seus pés no chão, fingindo que sabe nadar. Por que não se pôr em ação e começar a viver esta maravilhosa vida agora?

21 de fevereiro

Ninguém gosta de ser magoado ou
diminuído; ninguém gosta de ser ignorado ou
de se sentir mal amado e rejeitado. Portanto,
por que não tratar o seu próximo com amor
e respeito? Tente compreendê-lo e dar um
pouco mais de si, se necessário. Seja muito
tolerante, muito paciente e dê muito amor.
Se é desta maneira que você gostaria de
ser tratado, viva como você gostaria que os
outros vivessem. Seja um bom exemplo, mas
não porque pensa que é o que esperam de
você. Faça-o porque você quer e deseja, com
todo o seu coração, fazer, falar e pensar tudo
da melhor maneira possível. Quanto maior o
seu desejo, mais fácil será realizá-lo. Nunca
se satisfaça com o medíocre ou o malfeito.
Certifique-se que tudo o que você faz vem
do plano mais elevado, que seus motivos
são puros e que não há nada de egoísmo ou
egocentrismo na execução de suas tarefas.

22 de fevereiro

Seja você mesmo, não tente ser como outra
pessoa. São necessários todos os tipos
para se fazer um mundo. Eu não quero
que todos sejam iguais. Eu necessito de
vocês diferentes uns dos outros, cada um
fazendo seu trabalho específico, cumprindo
sua tarefa, mas, ao mesmo tempo, se
misturando perfeitamente ao todo. O fato
de vocês serem todos diferentes não significa
que haverá discórdia ou desarmonia. São
necessários muitos instrumentos diferentes
para se compor uma orquestra e cada um
tem seu lugar específico no todo e se funde
em perfeita harmonia ao trabalho do todo.
Caos e discórdia surgem quando um indivíduo
resolve agir por seus próprios parâmetros,
sem pensamentos ou consideração pelo todo.
Quando seu coração está no lugar certo e
você está vivendo e trabalhando em conjunto
pelo bem do todo, somente o melhor
poderá advir. Portanto, pare de resistir e
se entregue. Tudo o que você tem a fazer
é simplesmente ser e deixar que as coisas
aconteçam.

23 de fevereiro

Quanto mais você receber, mais você terá que doar. Não guarde nada para si, mas doe, doe e não pare de doar, assim fazendo espaço para o que lhe é doado. Quanto mais alerta você estiver para as mudanças que estão acontecendo, mais aberto você estará para elas e mais rapidamente elas poderão se realizar. Elas se tornarão parte de você e você se tornará parte delas. O solo já foi preparado e as sementes já foram plantadas. Agora é o tempo de crescimento, de expansão, de florada e é isto que está acontecendo. Guarde a maravilha e a beleza de tudo isso! Veja cada vez mais almas despertando e percebendo o que está acontecendo. Há um tremendo impulso para diante. Os caminhos do Espírito estão começando a se tornar realidade para muitos. Viva pelo Espírito, ande pelos caminhos do Espírito e torne-se um com toda a vida.

24 de fevereiro

O que é certo para uma alma pode não ser para outra. É por isso que é importante que você procure sua própria direção interior e aja de acordo com ela, sem tentar trilhar o caminho de outra pessoa. Você tem livre escolha, porque Eu dei livre arbítrio para todos os seres humanos. Você não é como uma marionete que para se mexer precisa que os cordões sejam puxados. Você pode procurar e encontrar o que é certo para você; e depois tomar a sua decisão a respeito. A verdadeira paz do coração e da mente só é encontrada quando se sabe o que é certo para si mesmo, portanto, não pare de procurar até encontrar seu caminho específico e, só então, siga-o. Pode significar ter que manter sua posição sozinho, ou fazer coisas que possam parecer estranhas aos olhos dos outros, mas não se acanhe. Faça o que quer que seja, porque dentro de si você sabe que o que você está fazendo está certo e somente o melhor virá como resultado de seus atos.

25 de fevereiro

Veja cada dificuldade como um desafio, um degrau, e nunca se sinta derrotado por nada, nem por ninguém. Siga em frente e saiba que a resposta lhe será revelada se você for persistente e perseverante. Seja forte e corajoso, sabendo que você vai conseguir, apesar de tudo. Não há como voltar após atingir esta etapa. As portas que ficaram para trás foram fechadas e trancadas; só lhe resta seguir em frente. O tempo está acabando e ainda há muito a fazer. Você tem a sua tarefa a realizar no plano geral. Encontre seu lugar específico a fim de que, quando você souber onde se encaixa, você se sinta em paz e possa fazer o que deve com total confiança. É um plano maravilhoso, glorioso, por isso não tema em tomar parte dele. Simplesmente dê o melhor de si, ajude-o a se completar o mais rapidamente possível e observe-o se desenrolar com verdadeira perfeição.

26 de fevereiro

Algumas vezes o novo se desdobra tão devagar que não é possível perceber as mudanças que estão acontecendo, até que, de repente, elas já aconteceram desapercebidamente. Outras vezes é possível ver as mudanças se desenrolando passo a passo bem à frente dos olhos. Há vezes, ainda, quando acontecem coisas de um dia para o outro – como no inverno, quando você vai dormir à noite e na manhã seguinte está tudo coberto de neve. Você não teve nada a ver com o que aconteceu; tudo se passou de uma maneira miraculosa. O novo será revelado de muitas maneiras diferentes. Tudo que você tem que fazer é caminhar com ele, sem resistência. Mudanças não são necessariamente dolorosas. São inevitáveis porque nada pode permanecer imutável; e se você consultar seu coração, você mesmo não irá querer que ele permaneça o mesmo.

27 de fevereiro

Você deve reconhecer sua liberdade para que você possa se elevar a grandes alturas espirituais. Senão você seria como um pássaro engaiolado, que, mesmo com a porta aberta e a possibilidade de voar para onde quiser, continua batendo as asas contra sua gaiola, sem perceber que pode reconquistar sua liberdade. Você pode atravessar sua vida como esse pássaro, completamente cego e preso, a não ser que você reconheça que é livre, aceite essa liberdade e use-a como deve ser usada, nos reinos do Espírito onde não há limitações, fronteiras ou barreiras que o segurem. Todo ser humano é livre se reconhecer e aceitar sua liberdade. Esta liberdade está lhe sendo oferecida, mas você tem que aceitá-la antes de usá-la. Por que não aceitá-la agora, percebendo que você não está amarrado a nada nem a ninguém, e que você é capaz de fazer qualquer coisa que você deseje?

28 de fevereiro

Solte-se e permita-se habitar o reino que já veio, mas que ainda precisa ser reconhecido e reclamado por mais e mais almas. Você reza para que Meu reino venha, para que Minha vontade seja feita; agora deixe de pedir por eles e aposse-se deles. Você deve aprender a rezar acreditando de todo coração, mente e alma, a fim de que suas preces sejam muito reais e concretas e você saiba, sem sombra de dúvidas, que elas estão sendo respondidas. Não limite nada.
Não há limitações no Meu reino, e Meu reino já está aqui, e nele tudo é possível. Aprenda a viver além de suas limitações humanas. Viva nos reinos do Espírito, onde você faz tudo em Mim. Eu o fortaleço e Eu o sustento, portanto saiba que EU ESTOU sempre com você. E não poderia ser de outra maneira, porque EU ESTOU em você.

29 de fevereiro

Toda alma tem necessidade de se afastar do
mundo de tempos em tempos para encontrar
a paz que supera qualquer entendimento.
Toda alma necessita se estabilizar e isso
só é possível através da paz e da quietude.
Uma vez que essa estabilidade interior foi
conseguida, você pode ir a qualquer lugar
ou fazer qualquer coisa sem que o caos
e a confusão exterior o afetem. Você
aprecia ficar quieto ou a quietude lhe é
desconfortável? Você fica inquieto no
silêncio, desejoso de voltar ao barulho e à
ação? Você gosta de estar sempre ocupado e
sente dificuldade em aquietar seu corpo e sua
mente? Existem milhões de almas no mundo
que não suportam o silêncio, elas precisam
estar em constante contato com o barulho e
confusão à sua volta. Elas são inquietas por
dentro e por fora. Eu lhe digo, momentos
de paz e quietude são muito preciosos neste
mundo em turbilhão. Procure por eles, ache-
os e mantenha-se neles.

MARÇO

*Eu vi um moinho. Ventava forte e
suas pás giravam rapidamente.
Quando o vento amainou, as pás
pararam de girar, porque seu movimento
dependia totalmente do vento.
Eu ouvi as palavras:*

Coloque sua segurança não nas coisas
desta vida, mas sim em Mim, que sou
a fonte de todo poder e força que
existem dentro de você.

1º de março

Aguarde um milagre. Aguarde que milagre após milagre aconteça e não os limite de modo algum. Quanto mais aberto você estiver, melhor, porque então não haverá nada bloqueando o fluir das Minhas leis, porque milagres são simplesmente Minhas leis em ação. Flua com essas leis e qualquer coisa pode acontecer! Veja a perfeição de Meu plano se desdobrando. Não há pressa. Quando algo se desdobra, pode ser depressa, mas com um enorme sentimento de paz e serenidade, sincronicidade e precisão perfeitas. Não tenha medo de nada, porque não há nada a temer quando sua fé e confiança estão em Mim. EU ESTOU em você, portanto, veja a perfeição de Meu plano acontecendo dentro e fora de você. Tudo começa no interior e abre caminho para o exterior; não deixe que nada atrase o processo. Deixe que tudo aconteça e apossese do novo céu e da nova terra.

2 de março

Muitas almas falam sobre a fé, mas não
conseguem viver por ela. Falam sobre Me
amar, mas nada sabem sobre o amor. É
uma perda de tempo falar sobre amar
alguém que você nunca viu, quando não
se consegue nem amar os que estão à sua
volta e necessitam do seu amor, sabedoria
e compreensão. Aprenda primeiro a amar
aquelas almas que Eu coloquei ao seu redor;
só então você saberá o que significa Me
amar verdadeiramente. Por que tatear seu
caminho através da vida se tudo que você
tem a fazer é caminhar decididamente com
fé e confiança, sabendo que EU ESTOU com
você? EU ESTOU aqui, oferecendo a você
todos os Meus maravilhosos dons, mas, se
você não os aceitar, não poderá se beneficiar
deles. Eu os dou de coração, e, de coração,
você deve aceitá-los e usá-los sabiamente
para o benefício do todo.

3 de março

Você deve estar preparado para as maravilhosas mudanças que vão acontecer na Nova Era. Se você conseguir aceitá-las e simplesmente absorvê-las como um papel mataborrão, essas mudanças acontecerão dentro e fora de você com grande paz e harmonia. Você descobrirá que mudará com as mudanças sem ser afetado estranhamente por elas e viverá e respirará nelas tão naturalmente quanto um peixe na água. Você será capaz de aceitar seu novo meio ambiente e se ajustará a ele sem esforço. Uma criança passa de um grau para o outro no colégio sem dificuldades, porque tudo acontece gradualmente e só é necessário dar um passo após o outro, aceitando e se ajustando a cada nova fase; ela se sentiria perdida se fosse jogada do maternal diretamente para o colegial. Não se preocupe: Eu não farei você avançar depressa demais. Tudo no Meu plano acontece na hora certa.

4 de março

Quanto tempo e energia são desperdiçados porque você não tem a preocupação de se aquietar e Me aguardar! É a solução secreta para todas as situações. Por que não provar isto para você mesmo colocando já em prática para ver o que acontece? Até que você tenha tentado e testado algo, é só teoria. Esta vida é muito real, muito prática, plena de ação. Não há nada teórico a seu respeito, mas depende de você provar que é assim. A luz do dia está aqui, mas você permanecerá na escuridão até que tenha aberto as janelas. A água está no cano e lá permanecerá estática até você abrir a torneira. De nada adianta ter comida no prato se você não a levar à boca. Portanto, ponha-se em ação e faça algo já.

5 de março

Pense unidade, aja unidade e faça a unidade se manifestar em sua vida. Para ser uma pessoa inteira, você precisa se conhecer, saber para onde vai e o que está fazendo, e só então seguir em frente confiante, vivendo uma vida gloriosa e plena. Nunca tenha dúvidas sobre você mesmo ou sua habilidade de ser inteiro. São as dúvidas e os temores que o impedem de estabelecer uma unidade; portanto, pare de se preocupar e acabe com todos os temores e dúvidas, sabendo que EU ESTOU sempre com você e que coMigo tudo é possível. Mas lembre-se: que sua fé e sua confiança estejam sempre em Mim, o Senhor seu Deus, a divindade dentro de você. Caminhe de mãos dadas coMigo, consulte-Me em todos os momentos e deixe que Eu o guie e direcione. EU ESTOU em você, portanto nada que vem de fora pode interferir em nosso contato direto. Quando sua segurança está em Mim tudo vai verdadeiramente muito bem.

6 de março

Só se pode pensar um pensamento por vez. Por isso, certifique-se que ele seja construtivo, positivo e amoroso e você, então, se surpreenderá só dizendo coisas construtivas e agindo de maneira amorosa. Na verdade, toda a sua aparência será positiva e sua vida será repleta de amor, alegria, felicidade, saúde, sucesso e harmonia. Quando você está sensível e tem pensamentos negativos e destrutivos, eles solapam todo o seu ser. Sua aparência fica apagada e você se sente deprimido e até fisicamente doente. Tente entender que é você mesmo que causa esse estado por pensar de maneira errada. Mude seus pensamentos e tudo mudará. Você pode imaginar que está cercado de dificuldades e que essa situação é responsável pelo seu estado de espírito, mas será que é isso mesmo? Seus pensamentos não lhe pertencem? Você não está livre para elevar sua consciência e ver pensamentos amorosos, positivos e construtivos que irão criar bem estar? A escolha está sempre em suas mãos.

7 de março

Não é possível criar paz e harmonia no mundo até que se tenha conseguido paz e harmonia interiores. Você tem que começar por você mesmo. Você tem que começar aos poucos e deixar que vá crescendo e se expandindo. O imponente carvalho tem seu início numa pequena bolota, mas essa bolota contém tudo que é necessário em seu interior. A paz do mundo está contida dentro de você; por que não deixá-la crescer e se expandir até que não caiba mais em seu interior e tenha que explodir para fora trazendo paz e harmonia para o mundo? Tudo começa dentro de você, por isso conscientize-se do importante papel que você representa para ajudar a trazer paz e harmonia para o mundo. Nunca se omita e culpe os outros pela situação do mundo, mas ponha-se em ação e faça algo a respeito. Fique em perfeita paz à medida que você cumpre a Minha vontade e caminha nos Meus caminhos, Me glorificando.

8 de março

Você está neste mundo para fazer o bem. Você está aqui para irradiar amor e sabedoria para as almas necessitadas. Você tem um trabalho a realizar, mas isso só poderá ser feito depois que você tiver se expandido e se tornado um com o todo, quando você não mais se mantiver afastado, criticando e se separando do todo. Você se sente uno com todas as almas à sua volta? Você se sente em paz com o mundo ou tem pensamentos conflitantes, críticos e destrutivos? Lembre-se sempre que amor, alegria e felicidade criam a atmosfera certa e atraem todas as almas que pensam da mesma maneira. Policie-se e comece agora a atrair somente o melhor para si. Você pode mudar toda a sua atitude e aparência num piscar de olhos. Por que não fazê-lo? Entre em sintonia com a vida e encontre a paz que supera toda compreensão.

9 de março

À medida que você aprende a doar reunindo-se ao seu próximo, seu coração se abre. Quanto mais você doar espontânea e alegremente, tanto mais amor fluirá de você e para você. Quanto mais amor você doar, mais você receberá. Esta é a lei. Não se desencoraje se o amor não lhe for devolvido imediatamente. Simplesmente acredite que mais cedo ou mais tarde ele virá; mantenha o amor fluindo porque ele nunca aceita um "não" como resposta. O amor nunca é derrotado. O amor não é como um caracol que se recolhe quando é rejeitado. O amor oferece a outra face e continua a amar. Você é capaz de agir assim? Não, se for contar só com sua própria força, mas coMigo você consegue qualquer coisa. Peça ajuda a Mim a qualquer momento e Eu jamais deixarei de atendê-lo. Você então descobrirá que é possível amar infinitamente sem dificuldade.

10 de março

Por que não se utilizar do que é seu por direito? Qual é a vantagem de ter uma lâmpada no seu quarto se você não a acender e inundar o quarto com luz? Por que não procurar sempre pela Minha ajuda e força e usufruir de todas as maravilhas que Eu tenho para lhe dar? Pare de lutar por conta própria, pois quando você Me reconhecer e Me amar, você vai desejar estar em constante contato coMigo e com a Minha divina presença. Você irá querer caminhar na luz, porque onde há luz, a escuridão deixa de existir. Você gera luz através de sua maneira de viver positiva, construtiva e amorosa, portanto, não deixe nada negativo obscurecer essa luz. Você terá que fazer isso conscientemente até que toda negatividade se afaste e você aprenda a viver positivamente o tempo todo. Talvez seja um grande esforço no começo, mas gradualmente se tornará tão natural quanto respirar.

11 de março

Trabalhe com as Minhas leis, não contra
elas. Trabalhar contra elas é como lutar
numa batalha perdida, não vai dar em nada.
Quando houver uma tensão interior, recolha-
se e descubra contra o que você está lutando
e o que está causando essa tensão. Pode
estar certo que há alguma coisa atrasando
seu progresso e evitando que você alcance
seu bem maior. Que seu único desejo seja
o de cumprir a Minha vontade e caminhar
pelos Meus caminhos, não permitindo que
nada o impeça de chegar ao seu destino.
Quando você se recolher e se questionar,
você saberá qual é a Minha meta para você,
e então dependerá de você Me obedecer
sem hesitação. Vivendo e trabalhando
em harmonia você entenderá o significado
da verdadeira liberdade, da liberdade de
coração, mente e Espírito. Você emanará
sabedoria e compreensão. E, neste estado
de consciência, Eu posso usar você para Me
ajudar a trazer o novo céu e a nova terra.

12 de março

Saiba, sem sombra de dúvida, que você é perfeito, assim como Eu sou perfeito, e não existem defeitos em você. Comece agora a perceber o que possui de melhor e traga para fora o que está escondido em seu interior que é difícil de se perceber. Quando você der um tempo para se conscientizar que você é um, você descobrirá o que possui de melhor, não mais se depreciará e eliminará todas as falsas emoções sobre seu verdadeiro ego. Repita sempre para você mesmo: "Eu e meu Bem-Amado somos UM", até que esta ideia signifique algo para você. Quando você estiver meio deprimido, repita silenciosamente e sinta-se gradualmente saindo do poço do desespero e da autopiedade. Repita as palavras até que você compreenda a realidade delas, comece a sentir sua unidade com a vida e saiba que você é parte dessa vida.

13 de março

Transforme-se através da renovação de sua mente. Uma cobra não pode crescer sem largar a sua pele velha. Um pintinho não pode sair do ovo sem quebrar sua casca. Um bebê não pode nascer sem deixar o útero de sua mãe. Estes processos devem acontecer para trazer mudanças. Eles acontecem passo a passo, inexoravelmente. Se o pintinho não tiver forças para romper a casca, ele morrerá. Existe um momento certo para tudo. Você pode tentar evitar mudanças porque se sente seguro onde está e prefere ficar confinado nas fronteiras do conhecido, ao invés de se arriscar e mergulhar no desconhecido, mas, confinado, você vai sufocar e morrer. Tente compreender e aceitar a necessidade de mudanças em tudo que está acontecendo no mundo neste momento. Eleve seu coração, dê graças por essas mudanças e torne-se parte integrante delas.

14 de março

Sua tarefa é criar um novo céu e uma nova terra. Portanto, não se preocupe com problemas e tribulações, com doenças e sofrimentos, com guerras e conflitos do mundo. Não se deixe envolver nesses aspectos negativos, ou você se tornará parte da doença, e não da cura. Elevando sua consciência, você se tornará imune aos problemas do mundo e poderá viver e trabalhar nele sem ser afetado de maneira alguma. Médicos e enfermeiras têm que se imunizar para trabalhar no meio de doenças infecciosas sem temor. Assim também não deve existir medo em você quando observa a situação do mundo piorar. Nunca desanime. Simplesmente agarre-se à sua fé, deixe sua mente permanecer em Mim, e tenha a certeza que tudo está caminhando muito bem.

15 de março

À medida que você for caminhando rumo ao novo, esteja conscientemente alerta da Minha divina presença em todos os momentos, e mantenha sua mente em Mim. Isso o ajudará a se manter num estado elevado de consciência que lhe permitirá seguir em frente sem qualquer dificuldade. Coloque-Me em tudo que você faz, diz e pensa. Compartilhe todo o seu ser coMigo. Nada tendo a esconder, você sentirá a verdadeira liberdade do Espírito. Eu preciso de você livre para que Eu possa lhe entregar as Minhas maravilhas sem impecilhos. Há muita coisa esperando para acontecer; o processo apenas começou. Imagine maravilhas e belezas jamais sonhadas esperando para serem reveladas! Será como entrar num novo mundo de novas maneiras, novas leis, novas ideias. Mantenha seu olhar para o alto. Mantenha a visão da Nova Era sempre à sua frente. E você caminhará naturalmente em direção a ela e ela se tornará parte de você.

16 de março

Que não exista espírito de competição em
você. Quando você perceber que cada ser
humano tem seu papel específico para atuar
no conjunto, todo o espírito de competição
irá desaparecer e você será capaz de relaxar
e ser você mesmo. Como a vida se torna
mais simples quando você não precisa mais
pretender ser o que não é! Você tem a sua
tarefa específica no todo, portanto cumpra-
a da melhor maneira possível. Eu lhes
digo para amar, amarem-se uns aos outros.
Você está realmente dando seu amor ou
está somente sendo tolerante, inventando
desculpas e dizendo que há certas almas com
as quais você não pode mesmo se misturar
porque são pólos opostos? Vocês são todos
Meus bem amados e quanto mais cedo
vocês se convencerem disso melhor, porque
vocês são todos um para Mim e Meu amor
flui para todos igualmente. Quando vocês
conseguirem aceitar esta unidade coMigo,
vocês conseguirão aceitar a unidade uns
com os outros.

17 de março

Seu conhecimento e sua sabedoria devem
surgir gradualmente de seu interior. A vida é
um constante desabrochar. Quando criança
você teve que aprender lições fundamentais:
quando você estendia a mão para o fogo, lhe
diziam que era quente e que ia lhe queimar.
Se você não obedecia e fazia do seu jeito,
e punha a mão no fogo, se queimava e
sentia dor. No entanto, você aprendia que
não deveria fazer isso outra vez. Nesta vida
espiritual, você precisa aprender certas lições
fundamentais e se elas não forem assimiladas
e seguidas, você terá que arcar com as
consequências. Algumas pessoas aprendem
rapidamente e estão prontas a passar para
lições mais difíceis, até que elas descobrem
que estão tão sintonizadas que não têm mais
lições para aprender: elas fluem em perfeita
harmonia e unidade com tudo. Este é o mais
alto estado de consciência que alguém pode
alcançar.

18 de março

Você coloca seu coração em tudo que faz? Você não pode criar o novo céu e a nova terra se faltam os pilares do amor e da dedicação naquilo que você faz. Certifique-se que tudo que você faz está sendo feito para Minha honra e glória e então terá vontade de fazer tudo com perfeição. Lembre-se, nunca faça algo só porque é necessário. Se sua atitude é essa, antes de começar a tarefa recolha-se, peça graça e sintonize-se. Só volte ao trabalho quando sua atitude tiver mudado e você se sentir em paz e harmonia. Você verá que, quando sua atitude for correta, você será capaz de executar a tarefa não só com perfeição, mas também muito mais depressa. Quanto mais almas conseguirem executar mais tarefas com o espírito certo, tanto mais depressa Meu céu será trazido à terra.

19 de março

Seja como um livro aberto, nada escondendo,
cada página à disposição de quem quiser ler.
Quando não se tem nada a esconder é que
se descobre a verdadeira e pura liberdade.
Compartilhe o que você traz em seu coração,
sem medo de ser ridicularizado. Mantenha-
se sempre consciente de Mim e da Minha
divina presença e seja simples como uma
criancinha. Simplicidade é a marca principal
desta vida espiritual; não há nada complicado
sobre isso. Se você acha que é complicado,
é a sua opinião; portanto, mude a sua atitude
e veja o que acontece. Não perca mais
tempo perseguindo sonhos. Tudo que você
necessita está dentro de você esperando
para se revelar. Tudo que você tem a fazer
é se recolher na quietude e procurar em seu
interior, e você certamente encontrará. A
resposta está lá. Seja paciente, sirva-Me, e
tudo lhe será revelado no momento certo.

20 de março

O que você pensa, faz ou como você se comporta, tem tremenda influência no estado do mundo. Portanto, comece já a olhar o lado luminoso da vida, procurando sempre pelo melhor em qualquer situação. Às vezes não é fácil e é preciso procurar bem lá no fundo para encontrar. Acredite que todas as coisas funcionam em uníssono para o bem daquelas almas que verdadeiramente Me amam e Me colocam sempre em primeiro lugar. Sua fé deve ser forte e inabalável. Você tem que estar preparado para se manter à tona mesmo que a situação possa parecer escura e deprimente. Talvez seja necessário até ver tudo piorar antes de começar a melhorar. Simplesmente acredite que tudo vai acontecer em total perfeição e no momento exato, porque tudo está em Minhas mãos. Compreenda que EU ESTOU em tudo e em todo lugar, não há um só ponto onde Eu não esteja, e a meta derradeira é a perfeição.

21 de março

Chegou a primavera. Chegou a Nova Era.
Acorde de sua sonolência e encante-se com
as maravilhas desta vida, porque estes são
ótimos tempos para se viver. Veja somente
o melhor em tudo que está acontecendo.
Espere pelas mudanças e junte-se a elas,
não permitindo que nada em você as atrase.
Nunca tema o novo, o desconhecido, mas
mergulhe nele sem medo, na certeza de
que EU ESTOU sempre com você e jamais
o deixarei desamparado ou o renegarei.
Reconheça-Me em tudo e dê a Mim toda
a honra e glória. Saiba que você está se
dirigindo para uma Era de Ouro, por isso não
se preocupe nem lute contra as mudanças
que estão acontecendo. A hora mais escura
vem antes da aurora gloriosa. A aurora está
aqui; chegou no ritmo perfeito e nada pode
detê-la. Todo o universo funciona neste
ritmo perfeito, por que não você?

22 de março

Quando você anseia por fazer a coisa certa
e tomar o caminho correto, você assim o
fará. Você deve ser forte para enfrentar
e reconhecer as tentações que surgem no
caminho. Cada tentação superada lhe dará
força interior e estabilidade mais profundas,
fazendo você capaz de enfrentar qualquer
situação sem se abalar. Meus caminhos
são muito estranhos, mas lembre-se que Eu
vejo todo o quadro, enquanto que você só
consegue enxergar uma pequena parte. Eu
vejo todos os atores na peça da vida; você só
vê os que lhe estão próximos. Eu aponto o
caminho para cada um deles e eles seguem e
cumprem sua tarefa no vasto plano geral, e,
assim, o plano se desenvolve com perfeição.
Observe o seu desenrolar e maravilhe-se.
Aceite tudo com o coração pleno e grato,
e veja a Minha mão atuando em tudo o que
está acontecendo.

23 de março

Por que não começar agora a pensar em abundância? Perceba que ser pobre não é uma virtude. Saiba que o dinheiro em si não é mau nem bom, só é. Está aí para ser usado, mas deve circular e não ser acumulado avaramente. O dinheiro é poder e o poder deve ser manipulado com sabedoria. Eletricidade é poder e não se pode brincar com ela, ou ela pode destruir. Portanto, por que usar o dinheiro de maneira irresponsável? Quando você puder aceitar a verdadeira liberdade de Espírito, você poderá descartar todas as limitações e sentimentos de punição. Aprenda a se utilizar do que tem com sabedoria, entendendo que tudo que Eu lhe dou deve ser usado para Minha honra e glória e que você deve ser um bom depositário de todos os Meus valores e presentes perfeitos.

24 de março

Não tente olhar nem planejar muito à frente no futuro, pois seus planos poderão ser modificados. Seria melhor permitir que as coisas acontecessem naturalmente, pois assim elas poderão se desenrolar até mais depressa. Não se impaciente; espere por Mim e veja tudo se desdobrar da maneira mais incrível. Tudo deve acontecer no tempo certo. Quando o inverno chega, parece que nunca vai acabar, mas sem você perceber, a primavera começa a se manifestar. É assim que está acontecendo com o novo tempo. Como a primavera, ele já está aqui, e o inverno, o velho, já acabou. Talvez você ainda não tenha compreendido e aceitado essa verdade, e enquanto você não o fizer, seus olhos não se abrirão para as maravilhas do momento. Abra seus olhos e não perca nada do que está acontecendo.

25 de março

À medida que mais e mais amor está sendo
espalhado pelo mundo, um lindo processo de
cura está acontecendo. É como um bálsamo
aplicado sobre uma ferida, acalmando e
cicatrizando. O amor começa dentro de cada
indivíduo. Começa em você e cresce como
uma semente que desabrocha revelando
beleza e unidade. É o que está acontecendo
agora. Muitas almas suspeitam que algo
está surgindo, mas estão deslumbradas e não
entendem o que é. Procuram no exterior, na
esperança de encontrar uma pista. Outras
sentem um anseio inexplicável, mas têm
medo do que estão sentindo, porque é novo,
estranho e desconhecido, e elas tentam calar
essa curiosidade. Nada será capaz de evitar
este derrame de amor. É como um gênio
na garrafa; depois de libertado não pode ser
recolocado nela. Não pode ser escondido ou
ignorado. Gradualmente irá se manifestar
em todos. Ele veio para ficar.

26 de março

Há sempre um degrau a mais para ser escalado. Não seja fraco, mas suba sempre mais alto, tentando atingir o topo. A vida é movimento, é mudança, é crescimento. Nenhuma alma pode permanecer no mesmo estágio o tempo todo. A natureza não pode permanecer estática, está sempre mudando e se expandindo, crescendo de um estágio para outro. A bolota de carvalho cresce para se tornar uma portentosa árvore; os bulbos crescem e produzem lindas flores, o grão de milho produz a espiga. Mudanças acontecem o tempo todo. Se não houver mudanças em você, pode estar certo que algo está errado e que você deve tentar descobrir o que é e então fazer algo a respeito. Não resista às mudanças, mas flua com elas e aceite-as. Pode ser, por vezes, desconfortável, mas esteja pronto para aceitar esse pequeno desconforto a fim de que o novo glorioso possa evoluir em você e através de você, transformando-o num novo ser, pleno de luz, amor e inspiração.

27 de março

Que a paz esteja com você. Ser um coMigo é estar em paz, pois a paz começa bem no interior da alma e depois se reflete para o exterior. Quando você tiver encontrado paz e estabilidade, você poderá ir a qualquer lugar e suportar qualquer coisa. Você poderá até caminhar pelo vale das sombras da morte sem nada temer, pois com a paz interior vem a serenidade e a tranquilidade que nada, nem ninguém, consegue perturbar ou destruir. À medida que você reconhece e aceita seu verdadeiro relacionamento coMigo e o faz simplesmente como uma criança, sem complicações, sua vida será preenchida com alegria e agradecimentos. Nenhum temor conseguirá perturbá-lo e você viverá uma vida encantada e completamente protegida, pois onde não existe medo existe total proteção. É o medo que abre a porta para o perigo e o deixa vulnerável. Portanto, elimine o medo. Deixe a Minha paz e o Meu amor preenchê-lo e envolvê-lo e agradeça sempre.

28 de março

EU SOU Espírito. EU ESTOU em todos os lugares. EU ESTOU em tudo. Não há um só ponto onde EU não esteja. Quando você compreender e aceitar este fato, você saberá que o reino do céu está em você e que você pode cessar sua busca e se recolher ao seu interior. Lá você encontrará tudo que vem buscando. Poucas almas hoje em dia fazem isso! Elas estão muito ocupadas procurando respostas em todos os lugares, menos dentro de si mesmas. Quando você puder aceitar que EU ESTOU em você, nunca mais você se sentirá só, nunca mais você terá que procurar no exterior pelas respostas aos seus problemas. Mas quando surgir algo que necessita de resposta, procure a paz e quietude interiores, faça suas perguntas e coloque seus problemas a Mim, e Eu lhe darei as respostas. Você, então, terá que aprender a Me obedecer e seguir exatamente as instruções que Eu revelei ao seu interior. Você terá que aprender a viver de acordo com a Minha palavra e não somente ouvi-la.

29 de março

Mantenha a vida o mais simples possível e aproveite plenamente as maravilhas e belezas simples que estão à sua volta para serem compartilhadas por todos, mas que muitas vezes passam desapercebidas. Seja como uma criança, capaz de enxergar e aproveitar as aparentemente insignificantes maravilhas da vida: a beleza de uma flor, o canto de um pássaro, a glória de um pôr de sol, os pingos de chuva escorrendo pelo vidro da janela. São coisas tão simples e, no entanto, tão verdadeiramente lindas. Basta você olhar para elas com olhos que realmente conseguem ver, e parar de se apressar pela vida afora de maneira a nem mesmo notar essas pequenas coisas. Você consegue enxergar as Minhas maravilhas e belezas à sua volta? Ou sua mente está tão cheia de cuidados e preocupações com o seu dia que você está caminhando cego, surdo e curvado, tão envolvido com seus próprios problemas que nada vê? Por que não tentar hoje se manter alerta a tudo que está acontecendo à sua volta?

30 de março

Nada acontece sem uma razão. Há um padrão e um plano perfeitos orientando a unidade desta vida e você, sendo parte desta unidade, é também parte do padrão e do plano perfeitos. Quando coisas estranhas acontecem em sua vida e você se pergunta o porquê, recolha-se e medite na maneira como tudo se encaixa, e você encontrará uma razão para tudo. As razões podem ser inesperadas, mas aceite-as mesmo assim, aprenda com elas e não lute contra elas. A vida deve ser vivida sem esforço. Uma flor não precisa se esforçar para desabrochar sob os raios de sol, portanto, por que você precisaria se esforçar para se abrir sob os raios do Meu amor infinito? Se você se esforçar é por sua própria vontade e nada tem a ver com o padrão e o plano que tracei para você. Simplicidade é Minha principal característica, portanto faça a vida simples. Mantenha-se em constante contato coMigo e observe-se desabrochando em Meu amor.

31 de março

Quando você está sintonizado com a vida, faz tudo no momento certo. Tudo que você precisa fazer para se sintonizar é se recolher no silêncio para entrar em contato direto coMigo. É por isso que os momentos de paz e quietude são tão importantes, muito mais importantes do que você imagina. Quando um instrumento musical está desafinado, causa discórdia; o mesmo acontece com você. Um instrumento musical deve ser mantido afinado; você também deve se manter afinado, e isso só poderá acontecer se você se aquietar. Não pode ser conseguido se você está se agitando para lá e para cá, assim como o instrumento não pode ser afinado enquanto está sendo tocado. É no silêncio que as notas podem ser ouvidas e reajustadas. É no silêncio que você pode ouvir a Minha pequena voz interior e Eu posso lhe dizer o que você deve fazer.

ABRIL

*Eu vi um passarinho aprendendo a voar.
Seus primeiros esforços foram
muito fracos. Mas, à medida que ele
usava mais e mais as suas asas, estas
se fortaleciam e ficavam cada vez mais
fortes, até que ele conquistou a
liberdade do voo e pôde se alçar a
grandes alturas e voar longas
distâncias sem qualquer esforço.
Eu ouvi as palavras:*

A fé surge com a prática.
Viva pela fé até que ela se torne
sólida e inabalável como uma rocha
e lhe proporcione a verdadeira
liberdade do Espírito.

1º de abril

A primavera desabrocha em total perfeição.
Esta é a primavera da Nova Era que também
está desabrochando perfeitamente. Você
é parte dela e ela lhe traz nova vida. Com
ela vem a gloriosa sensação de liberdade e
abandono, de pôr abaixo antigas barreiras
e expandir as fronteiras sem limitações.
Sinta-se crescendo e expandindo em todas as
direções na expectativa que algo aconteça a
qualquer momento. Seja como um corredor
na linha de partida, com os dedos dos pés
prontos para se lançar à frente ao sinal do
juiz. Há tanta coisa acontecendo em todos
os níveis neste momento! As mudanças
estão surgindo e você é parte delas, portanto
flua com elas. Esteja disposto a mudar, e
a mudar depressa se for necessário. Não
hesite, nem se atrase. Acerte o passo com
tudo que está acontecendo, com absoluta fé e
confiança.

2 de abril

Há um tempo certo para tudo. É uma questão de deixar que Eu o guie para que você saiba interiormente qual é esse momento e possa ir em frente seguindo sua voz interior com absoluta confiança. Quando você está em paz interiormente, o tempo nada significa, mas quando você está infeliz ou desconfortável o tempo se arrasta e parece que o dia nunca vai acabar. Quando você faz as coisas com prazer, o tempo voa e você deseja que o dia tivesse mais horas. É importante que você aprenda a apreciar plenamente o que faz e encare tudo da maneira correta. Você conseguirá executar muito mais e, como tudo será feito com amor, tudo será perfeito. Que a perfeição seja a sua meta em todos os momentos. Quando você faz algo com amor, você faz para Mim.

3 de abril

A chave para sua felicidade e contentamento
está bem no fundo de você, dentro de seu
coração e de sua mente. A maneira como
você inicia cada dia é muito importante: pode
ser com o pé direito ou esquerdo. Você
pode acordar com uma canção de alegria e
gratidão em seu coração, pelo novo dia, por
estar vivo, pelo milagre da vida e por estar
em sintonia e harmonia com o ritmo de toda
a vida. Você deve esperar que somente o
melhor aconteça neste dia, assim atraindo
o melhor para si. Ou você pode começar
o dia desafiando a todos, mal humorado e
disritmado. Você é responsável pelo que
este dia vai lhe trazer e, por saber disto, você
tem mais responsabilidade que as almas que
ainda não aprenderam esta lição. Você não
pode culpar outra pessoa pelo seu estado de
espírito. Depende só de você.

4 de abril

Em que altura você está na escada da vida? Você já atingiu o fundo do poço e já começou a subir? Você está disposto a se desapegar de tudo em sua vida e Me colocar em primeiro lugar, não porque você tenha medo, mas porque você Me ama profundamente, quer trilhar os Meus caminhos e cumprir a Minha vontade? Você consegue dizer "Seja feita a Vossa vontade" realmente acreditando e disposto a fazer o que Eu mandar, sem se importar que possa parecer estranho e tolo aos olhos dos outros? É necessário coragem, sabedoria interior e certeza inabaláveis para que nada lhe possa afetar. Somente as almas fortes conseguirão seguir este caminho espiritual, não as almas que decidem Me seguir e se recusam a Me ouvir. Não existem atalhos na vida espiritual. Você tem que procurar e achar sua própria salvação.

5 de abril

Quando uma criancinha aprende a andar, seus primeiros passos são hesitantes, até que ela adquire confiança e os passos se tornam mais firmes e seguros e, eventualmente, ela consegue andar sem cair. Depois a criança aprende a correr e a pular, mas cada etapa é vencida a seu tempo. Assim também a fé. Ela deve se desenvolver gradualmente, não de uma vez só. À medida que você for testando a sua fé, ela irá crescendo, até que você viverá totalmente por ela porque sua segurança está enraizada em Mim. Você sabe que pode fazer qualquer coisa coMigo, porque sou Eu que trabalho em você e através de você, e sem Mim sua própria força seria insuficiente. Sempre reconheça a fonte de onde vem a ajuda, a força e a inspiração, e nunca deixe de dar graças por estes dons. Nada acontece gratuitamente, reconheça a Minha mão em tudo.

6 de abril

Existem muitas coisinhas no dia a dia que
facilmente causam desunião e desarmonia.
Eleve-se acima delas e concentre-se no que
realmente importa na vida: em seu amor por
Mim, seu amor pelo próximo, seu trabalho
pelo bem do todo, seu desapego do ego e
de todas as mesquinharias que alimentam
rixas pessoais. Quando uma alma sente
com firmeza que esta é a maneira certa e
se recusa a ser influenciada, mais cedo ou
mais tarde alguma coisa tem que acontecer.
Se você esticar um elástico até seu ponto
máximo ou ele arrebenta ou, se é solto de
repente, pula de volta e machuca você. Mas
se você lentamente o recolocar na posição
inicial, sem arrebentá-lo ou soltá-lo, ele não
causará dor ou sofrimento desnecessário.
Por que não abrir seu coração e relaxar
lentamente a tensão? Amor e compreensão
sempre ajudam a suavizar o caminho.

7 de abril

Somente expandindo sua consciência você se tornará aberto e receptivo para o novo que está à sua volta e poderá se sintonizar com os novos pensamentos, novas ideias e estilos de vida. Prepare-se para enxergar além do imediato até as mais altas dimensões, os ramos mais elevados, e abra-se para o Espírito. Você é capaz de compreender e aceitar muita coisa instintivamente, mas não mentalmente, portanto, por que perder tempo tentando destrinchar tudo em sua mente? Por que não viver e agir através da intuição e da inspiração? Agindo assim você funciona num estado elevado de consciência e se torna receptivo para o que é novo. Você se torna um canal límpido por onde o novo pode se realizar. Eleve sua consciência do negativo para o positivo, do destrutivo para o construtivo, da escuridão para a luz, do velho para o novo, e veja o que acontece. Você verá que o velho será deixado para trás, e as glórias do novo serão reveladas.

8 de abril

Não se apóie em ninguém. Você não precisa de bengalas e afirmações exteriores porque tudo que você precisa está em seu interior. Todos anseiam pela paz interior e é lá que ela sempre está. Você se dá um tempo para conseguir enxergar a verdade ou você aceita gratuitamente tudo o que ouve e vê? Quando você tem uma certeza interior, nada, nem ninguém, poderá afetá-lo. É algo tão verdadeiro para você que, mesmo que o mundo todo fosse contra, nada abalaria sua crença. Você seria capaz de continuar calmamente o seu caminho sem ser perturbado ou abalado. Esta é a alegria e a força da sabedoria interior. É o que pode lhe proporcionar paz além de toda imaginação. Portanto, quando você estiver em dúvida, recolha-se e procure pela verdade e Eu a revelarei para você; e então, você poderá seguir seu caminho em paz e com confiança.

9 de abril

Um majestoso templo só pode ser construído
sobre sólidas fundações. Não se pode
construir o novo céu e a nova terra sem
amor; o amor que se tem uns pelos outros
e o amor por Mim. O amor começa nas
pequenas coisas e se espalha. Plante
sementes de amor onde quer que você vá
e observe-as crescer e florescer. Sementes
de amor plantadas nos mais duros corações
começarão eventualmente a crescer; pode
levar algum tempo até elas germinarem,
mas se forem tratadas com amor e carinho,
acabarão por desabrochar. Não desanime
com ninguém; simplesmente derrame
seu amor e não deixe que seu coração se
endureça. Pare de tentar justificar-se ou
às suas ações. Pare de culpar os outros.
Procure em seu coração, entenda-se e
encontre a perfeita paz de coração e mente.
Aí então você poderá seguir em frente com
verdadeira liberdade e alegria, irradiando
cada vez mais amor. Amor nunca é demais.
Deixe que ele flua livremente.

10 de abril

Você faz a sua vida. Por que não encontrar o melhor em cada situação e aproveitar cada momento, sem se importar com o lugar que você está ou com o que está fazendo? Não perca tempo e energia desejando estar em outro lugar, fazendo outra coisa. Você pode não compreender sempre porque está fazendo aquilo, naquele momento, mas pode estar certo que sempre há uma boa razão e uma lição a ser aprendida. Não lute contra, mas descubra qual é a lição e aprenda-a bem depressa para poder seguir em frente. Você não gostaria de permanecer estático, não é? Parando de resistir e simplesmente aceitando, aprendendo e incorporando as lições, você verá que a vida ficará mais simples e você apreciará as mudanças que irão acontecer. Uma planta não resiste ao crescimento e às mudanças; simplesmente flui e desabrocha perfeitamente. Por que você não faz o mesmo?

11 de abril

Você está no mundo mas não faz parte dele.
Não é preciso que as maneiras mundanas
o arrastem para baixo. Tire proveito delas,
mas não tente possuí-las, nem permita
que elas o possuam. Na Nova Era não é
necessário sair por aí vestido de mendigo,
declarando que é um miserável pecador,
indigno de ser. Meu amado filho: todo este
ensinamento pertence ao passado e é falso
e irreal. Aceite que somos um e que
EU ESTOU em você. Sinta-se alçado para fora
da escuridão destes falsos ensinamentos
e para dentro da luz. Deixe para trás o
que é velho e permita que morra de morte
natural. Entre no novo, renascido no Espírito
e na verdade, e conheça o significado da
liberdade. Eu preciso de você livre, não
amarrado no ego e autopreocupação. Seja
como uma criancinha, livre e alegre e viva o
presente já.

12 de abril

Agradeça por tudo que você tem, por tudo
que recebe e por tudo que ainda vai receber.
Nunca pare de agradecer, porque é a atitude
positiva em relação à vida e o próprio ato de
agradecer que atraem o melhor para você.
Agradecer ajuda o coração e a mente a se
abrirem; ajude sua consciência a se expandir.
Você sempre terá algo pelo que agradecer
e quando você começar a fazê-lo e contar
suas bênçãos, estas vão aumentar. Você
irá compreender como é abençoado, pois
tudo que Eu tenho é seu e Meus depósitos
de abundância estão transbordantes e
nada lhe faltará. Suas necessidades serão
maravilhosamente supridas e nesse estado
de consciência você será capaz de doar
sem contar os custos, pois é doando que
se recebe. Quanto mais você deoar, mais
espaço você terá para receber.

13 de abril

Eu sou sua fonte de suprimentos e tudo que Eu tenho é seu. Minha infinita abundância está disponível para todos, mas seus pensamentos devem ser sempre de abundância, jamais de falta ou privação. Sinta sua consciência se expandir mais e mais, sem limitações, porque limites causam bloqueios no fluir constante. Com as limitações surge o medo, e com o medo surge a estagnação, e quando algo se torna estagnado, a circulação é interrompida e ele morre. Mantenha a circulação fluindo. Havendo um constante dar e receber em todos os níveis, você entenderá o significado de Minha infinita abundância. Saiba que você e Eu somos um e que você é um com toda a riqueza do mundo, e que nada é guardado para o indivíduo, nada é amealhado. Tudo está à disposição para ser usado sabiamente. Seja um bom depositário dos Meus bens e dons. Peça a Minha orientação e direção sobre como melhor utilizar Meu infinito suprimento.

14 de abril

É importante haver equilíbrio em toda situação, a qualquer tempo. Você descobrirá que, quando tudo o que você faz é sob Minha direção, sempre haverá um perfeito equilíbrio. É por isso que você deve deixar a vida seguir seu curso sem tentar forçar nada, porque assim nada sairá errado ou fora do tempo. Isso não significa que você deva ficar sentado sem fazer nada, esperando que as coisas caiam do céu. Você tem que estar sempre alerta, com a consciência elevada, esperando que somente o melhor aconteça; você tem que acreditar que tudo vai muito bem. Você tem que Me servir com absoluta fé e confiança; tem que acreditar, sem sombra de dúvidas, que EU SOU seu guia e companheiro constante. Você tem que saber que seus passos são guiados por Mim, e só por Mim, e assim cada passo que você dá é firme e seguro, e tudo que você faz é feito com amor.

15 de abril

Como é fácil falar mal e se queixar da
situação atual do mundo, culpando a todos
menos você! É fácil dizer "Por que eles
não fazem algo a respeito?". Que tal você
fazer algo a respeito? Não fique aí sentado,
sentindo-se impotente, pensando que você
não pode fazer nada para ajudar. Você
pode ajudar, sim, e pode começar já. Você
pode aplainar todos os desentendimentos
e endireitar o que estiver errado. Você
pode expandir sua consciência de maneira
a conseguir olhar para a vida de um ângulo
diferente e mais amplo. Você pode aprender
a ser mais tolerante, mais aberto, mais
amoroso, e a ver os dois lados das questões.
Você pode começar agora a eliminar toda a
amargura, toda a crítica e toda a negatividade
de seus pensamentos. Fazendo a sua parte
você estará ajudando o todo. Mas você
não conseguirá isso sozinho. Faça-o com a
Minha ajuda.

16 de abril

Por que não fazer só o que você gosta, se isso não causa nenhum mal aos outros e só faz bem a você mesmo e a todas as almas com as quais você se relaciona? Aprenda a fazer o que você deseja na hora certa e da maneira apropriada, sem grande esforço ou aflição. Criancinhas sabem aproveitar a vida. Aja como uma criança sem inibições e aprenda a apreciar a vida sem qualquer restrição, preocupação ou timidez. Não faça as coisas só porque acha que elas devem ser feitas, ou porque você deve fazê-las. Quando uma tarefa é executada sob pressão, não causa alegria, nem prazer. Aprenda a fazer as coisas porque você tem prazer em fazê-las. Doe o que você tiver que doar pelo simples prazer de doar com amor e sinta como sua vida vai mudar.

17 de abril

Procure e encontre sua ligação direta coMigo, e mantenha essa ligação apesar de tudo que estiver acontecendo à sua volta. Essa ligação coMigo, com o Divino, é a fonte de todo poder e é este poder que opera milagres. O que são os milagres senão Minhas leis em ação? Trabalhe com estas leis e qualquer coisa pode acontecer. É se identificando com a unidade de toda a vida, com toda a sabedoria e o poder, que você terá suas portas abertas para possibilitar que Minhas leis operem em você. Por que ficar parado olhando os milagres acontecerem só na vida dos outros se eles também podem acontecer na sua? Milagres se manifestam quando você se sintoniza com esse poder e essa unidade e consegue aceitar que você pode qualquer coisa por Meu intermédio, porque Eu o fortaleço, o sustento e trabalho em você e através de você. Reconheça que sozinho você não é nada, mas coMigo você tudo pode e irá presenciar milagre após milagre acontecer em sua vida.

18 de abril

A paz começa no interior de cada um.
Está lá dentro de cada alma como uma
sementinha esperando para germinar, crescer
e fluir; só precisam lhe proporcionar boas
condições, um meio ambiente certo e o
tratamento necessário para ela desabrochar.
Aquiete-se e crie as condições certas.
Aquiete-se e dê a ela a oportunidade para se
enraizar. Quando ela se sentir bem firme,
continuará a crescer; mas seus tenros brotos
precisam ser ajudados e protegidos com
muito carinho. Portanto, você guarda a
chave para a paz do mundo dentro de você.
Não perca tempo com o caos e a confusão
do mundo, mas comece a pôr ordem em seu
próprio interior. Faça a Minha vontade sem
estardalhaço. Você não precisa ficar falando
a esse respeito, simplesmente viva à Minha
maneira. Transforme o caos e a confusão de
sua vida em paz, serenidade e tranquilidade;
torne-se um membro útil da sociedade e do
mundo em que você vive. Comece com
você mesmo, num ponto onde você sabe
que terá sucesso, e depois espalhe a paz
para fora de você.

19 de abril

Quando a vida lhe pede para mudar, visualize claramente o que é necessário e mude sem resistir, na certeza de que toda mudança é para melhor. Nem sempre é confortável, especialmente para pessoas com maneiras e ideias muito cristalizadas. É preciso estar disposto a jogar fora gradualmente as ideias que parecem boas, confortáveis e seguras, até que se esteja completamente livre e aberto para receber ideias completamente novas e revolucionárias. É aí que começam as dificuldades. Muitas pessoas, tendo absorvido algo novo, se apegam demais e se recusam a mudar outra vez. Por que não encarar uma mudança como somente um degrau para revelações ainda maiores e mais maravilhosas, que estão aguardando lugar em você para poderem se manifestar? Você não pode encher um balde cheio; você tem primeiro que esvaziá-lo. Você não pode avançar para o novo se ainda está obstruído pelo velho e se recusa a deixá-lo para trás. Portanto, mude, e mude depressa, porque Eu preciso de você.

20 de abril

O que você decidiu fazer, faça-o com a Minha
bênção. Nunca se apresse a começar uma
empreitada sem buscar a Minha bênção.
Recolha-se ao silêncio e sinta a paz e a
serenidade o envolverem, e nesse perfeito
estado de graça peça e receba a Minha
bênção. Aí, então, siga em frente com
absoluta fé e confiança e faça o que deve
ser feito. Saiba que EU ESTOU com você
até o fim, e tudo acontecerá perfeitamente.
Quanto maior a tarefa, mais necessidade você
terá da Minha bênção. Por que não começar
Me colocando nos menores atos de sua
vida e depois ir gradualmente Me incluindo
cada vez mais e em ações maiores, até que,
eventualmente, você não dará um passo sem
antes Me procurar e pedir Minha bênção
completa? Prepare-se para dar grandes
passos à frente, em situações aparentemente
impossíveis, mas nada tema, porque Eu
irei na frente, preparando o caminho para
você. Mantenha sua consciência elevada,
seu contato coMigo, e nunca tenha medo de
começar nada, seja lá o que for.

21 de abril

Existe um lugar para cada indivíduo no mundo, mas você deve procurar e encontrar o seu lugar. Se você tiver medo de assumir a responsabilidade de apresentar o novo, não tente impedir as almas que estão dispostas a fazê-lo. Entenda que apresentar o novo é tarefa para a qual essas almas foram treinadas e elas se sentem aptas a assumir o trabalho que lhes coube. Encontre seu lugar certo no vasto plano único e, se você não estiver na linha de frente, não se preocupe; lembre-se que é necessário todo tipo de pessoa para compor um todo. Simplesmente aceite o seu papel específico e faça de coração o que deve ser feito, e permita que as almas que foram colocadas em posição de liderança e responsabilidade sigam em frente. Dê-lhes seu incondicional apoio e completa lealdade; elas necessitam disso e vão lhe ser gratas. Eleve seu coração em profundo amor, apreciação e gratidão por elas e sempre dê o melhor de si mesmo.

22 de abril

Quantas vezes você já ouviu o comentário "Como o tempo voa!"? Quando você está cheio de alegria e felicidade, dando o melhor de si, vivendo para os outros, com seu coração focalizado no bem do todo, o tempo voa mesmo e você aproveita cada minuto. Apesar de você depender do tempo, você não deve permitir que ele se torne um fardo e o desanime. Tem tempo para tudo, para tudo que você quiser fazer, porque você vai arranjar o tempo necessário. Todos têm uma quantidade igual de tempo disponível, mas o importante é a maneira como se usa, por isso não fique se queixando que uns têm mais tempo que outros. Nunca seja um escravo do tempo, faça com que ele o sirva. Decida-se sobre o que você quer fazer e vá em frente; você verá que terá tempo suficiente para fazer seu trabalho com perfeição.

23 de abril

Depende de você dar o primeiro passo
na direção certa, fazendo contato direto
coMigo; o resto se desdobrará naturalmente.
Cada alma tentará esse contato de maneira
diferente, mas o que importa é que ele seja
feito, mesmo que seja com hesitação no
começo. Entenda que depois do primeiro
passo, os outros se tornarão mais firmes e
seguros. Você verá acontecer maravilha
após maravilha se você fizer a Minha
vontade e cuidar para que Minhas leis se
manifestem na forma. Sua fé e crença se
tornarão mais fortes e inabaláveis à medida
que você esperar que somente aconteça o
melhor e se nutra com isso. Veja os milagres
acontecerem vezes e vezes seguidas, até que
você não possa mais duvidar da maravilha
dos Meus caminhos, até que você coloque
toda sua fé e confiança em Mim e permita
que Eu assuma o comando e dirija
toda a sua vida.

24 de abril

Você sente que não consegue amar certas pessoas? Primeiro pare de odiá-las. Pare de ser crítico e intolerante em relação a elas. Este pode ser seu primeiro passo na direção certa. Depois, gradualmente, dedique-se a conhecê-las, a descobrir o que é importante para elas e procure dentro de você as razões que provocaram essa aversão. Recolha-se e descubra o que aconteceu de errado com você e com seu relacionamento com elas, mas em momento algum ponha a culpa em outra pessoa. Quando você consegue se encarar e perceber suas próprias falhas, você está no caminho certo e será capaz de encontrar a solução perfeita para seus problemas. Antes mesmo de perceber totalmente, toda a sua atitude e relacionamento com outras pessoas terão mudado. E você pode começar agora a fazer algo a respeito; para que ficar esperando que o outro dê o primeiro passo?

25 de abril

Eu preciso deixar que você cometa um erro atrás do outro ao longo de sua vida, mas quando você reconhece que errou e procura por Mim, EU ESTOU sempre pronto para ajudar e lhe mostrar o caminho. Mas Eu não vou fazer seu trabalho por você. Você tem que aprender por si mesmo. Esta vida não é para os fracos, mas para aquelas almas que são fortes e seguras de si, e para aqueles que querem encontrar respostas e estão dispostos a ir até o fim para encontrar as respostas certas, não importando o quanto custe. Você tem medo de errar? Você tem medo de se arriscar? Você nunca vai aprender a nadar se não sair do raso. Você não crescerá espiritualmente se não tomar as rédeas de sua própria vida. Nada tema, siga em frente com a mais absoluta fé e confiança, faça o que acha que está certo, ignorando toda oposição. Guie-se pela sabedoria interior que você sabe que vem de Mim.

26 de abril

Por que não fazer deste dia um dia glorioso, começando com o pé direito e entrando em contato coMigo no instante do seu despertar? Por que não preencher seu coração com amor e gratidão por um dia cheio das melhores e mais altas expectativas? Se os primeiros momentos do dia forem alegres e inspiradores, os próximos também o serão e, à medida que os momentos forem se transformando em horas, você descobrirá que alegria e paz o acompanharão durante todo o dia. Quando você acorda com uma grande preocupação em mente e se sentindo deprimido, essa sensação irá acompanhá-lo o dia todo, a não ser que você faça algo a respeito. Procure a Mim para encontrar perfeita paz de coração e mente porque você só irá conseguir isso quando Me entregar todas as suas preocupações e estiver desejoso de fazer somente a Minha vontade e andar nos Meus caminhos.

27 de abril

Por que não ser um otimista nesta vida, sempre esperando pelo melhor, sempre achando o melhor, sempre criando o melhor? O otimismo conduz ao poder; o pessimismo conduz à fraqueza e ao fracasso. Deixe que o poder do Espírito brilhe em você e através de você, criando à sua volta um mundo de beleza, paz e harmonia. Se a sua visão de mundo é otimista, você anima as almas que o rodeiam dando-lhes esperança, fé e crença na vida. O seu otimismo vai atrair mais otimismo e crescerá como uma bola de neve. Há sempre uma esperança, mesmo que seja só uma pequena e hesitante chama no começo. Cercada de mais esperança e amor numa atmosfera propícia, a pequena chama se transformará numa fogueira e continuará crescendo até que você esteja inflamado com o combustível do Espírito, que é imperecível e inextinguível. Uma vez ateado, nada poderá evitar que ele se espalhe.

28 de abril

Não é fácil oferecer a outra face quando alguém lhe bate, seja física ou verbalmente. A reação imediata é devolver o tapa, mas é aqui que as reações devem ser observadas com o maior cuidado, e onde é preciso pôr em prática o autocontrole e o desapego.
As almas que ainda não aprenderam a ter autodisciplina vão bater de volta com a mesma força que receberam e vão se sentir justificadas por agirem assim. E vão se perguntar por que é que existe tanto caos e confusão no mundo. Elas estão tão cegas que não conseguem perceber que só podem esperar que o mundo mude depois que elas próprias tiverem começado a mudar de atitude e a amar seus próximos como a si mesmas. Quanto mais amor e boa vontade houver, mais rapidamente virão as mudanças. Mas tudo começa em você. Portanto, quanto mais cedo você perceber isso, mais cedo as mudanças começarão a ocorrer à sua volta e pelo mundo. Por que não começar a fazer alguma coisa a respeito agora?

29 de abril

Abra-se para o fluxo da Minha divina luz e do Meu divino amor. Abra as portas do seu coração e não permita que nada impeça esse fluxo. Mantenha as portas bem abertas para que o amor e a luz possam fluir livremente em você e através de você e para que a força da vida esteja sempre em evidência em seu interior. Quando as portas do seu coração se fecham e o fluxo de amor e luz é interrompido, toda a vida se torna estagnada, e nada consegue sobreviver numa poça estagnada. É por isso que você precisa manter as portas abertas, se abastecendo constantemente em Mim, que sou a fonte de toda a vida, para que seu coração nunca, em momento nenhum, se torne seco e estagnado. Um rio que não se alimenta mais de sua nascente, seca. Você, se parar de se suprir em Mim, brevemente secará e se tornará inútil. Portanto, mantenha-se sempre conscientemente ligado a Mim, se abastecendo de Minha força. É uma escolha que você tem que fazer dia a dia, hora a hora, minuto a minuto.

30 de abril

A alegria que vem de doar é imensa. Você crescerá em graça e estatura à medida que aprender a doar de boa vontade o que lhe vem através de seus dons e habilidades; cada pessoa tem diferentes qualidades, funcionando em diversos níveis. Se você tem uma índole alegre e bem humorada, que você projeta onde quer que vá, ela lhe será devolvida multiplicada, porque todo mundo reage bem a uma pessoa simpática. Lembre-se sempre, "Você colhe o que você planta". Se você planta crítica, intolerância, deslealdade e negatividade, essas são as qualidades que você vai colher, porque é delas que você se abastece. Por que não começar agora a plantar sementes de alegria, felicidade, amor, ternura e compreensão, e ver o que acontece? Toda a sua visão da vida vai mudar e você começará a atrair somente o que há de melhor na vida. A alegria que você doar será refletida por todas as almas à sua volta, pois todos amam aquele que doa com alegria e atenção.

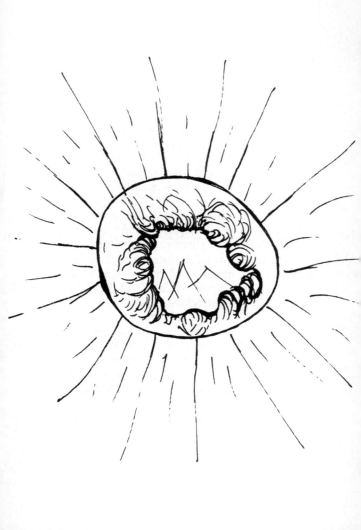

MAIO

*Eu vi uma montanha com o cume
envolto por uma nuvem. Eu vi muitas
almas subindo pelas encostas e notei que,
quando elas atingiam a nuvem, hesitavam
e pareciam temerosas de seguir em frente.
Eu ouvi as palavras:*

Não tema. Atravesse a nuvem do
desconhecido para atingir a gloriosa
luz do sol e tornar-se consciente
de Mim e da Minha divina presença,
porque Eu Estou em todos os lugares.
Não há sequer um lugar onde Eu não Esteja.

1º de maio

Grandes portas se apoiam em pequenas
dobradiças. Acontecimentos importantes
começam por pequenos incidentes. Eu
lhes afirmo: o que começou tão pequeno
em Findhorn vai crescer e se expandir
pelo mundo todo, como um movimento
universal; uma revelação se tornará uma
revolução. Meus caminhos são estranhos e
maravilhosos; eles não são os seus caminhos.
Trilhe Meus caminhos com absoluta fé e
confiança e veja Meus prodígios e Minhas
glórias se desdobrarem. A primavera da
Nova Era chegou, se esparramando em
perfeita harmonia, beleza e abundância; nada
pode deter o seu avanço. Há uma hora e
uma estação certa para tudo, e agora é o
momento certo para o nascimento da Nova
Era. Não fique preso ao passado, deixe
tudo para trás; veja o que Eu tenho para
você neste novo e glorioso dia. Observe
Minhas maravilhosas promessas se tornarem
realidade e dê graças eternas por tudo.
Mantenha à sua frente a visão do novo
céu e da nova terra.

2 de maio

O amor é a chave do caminho espiritual e você só poderá trilhá-lo se tiver o coração cheio de amor. O amor aponta o caminho. É perda de tempo falar sobre ele: viva-o e demonstre-o em sua vida. Esqueça o seu ego por completo, derramando seu amor sobre todos os seres humanos. Quanto mais você os amar, mais você Me amará. Tolerância só não é suficiente; necessário é o amor genuíno. O amor nunca é possessivo; ele liberta os seres amados. Você não pode querer ajudar uma alma se você é possessivo, porque todas as almas precisam ser livres para encontrar a si próprias e viver suas vidas, guiadas por Mim. Quando você se torna possessivo em relação a uma alma, você atrasa o progresso espiritual dela e esta é uma responsabilidade grande demais para você assumir. A liberdade do Espírito é essencial para cada pessoa.

3 de maio

Se a sua atitude é positiva, você consegue enxergar muito além do que está na superfície. Perceba suas necessidades claramente, tenha a certeza que elas serão supridas e dê graças por isso. Nunca deixe de agradecer. A lei da gratidão é uma lei espiritual fundamental. Você consegue ser realmente grato por tudo? Você consegue ver o melhor em toda situação? Eu quero que você ponha esta lei em prática cada vez mais, especialmente quando se deparar com uma situação difícil. Encare-a de frente e honestamente, depois examine-a de todos os ângulos possíveis; quando terminar, você vai descobrir que a sua maneira de encará-la mudou totalmente. O que a princípio parecia um desastre, agora é uma oportunidade e basta você decidir extrair o melhor de toda esta situação para que esta oportunidade se transforme num sucesso.

4 de maio

Sinta-se em perfeita paz. Não se esforce para entender o que está além da sua compreensão. Quando Eu quiser lhe transmitir algo, Eu o farei sem que você precise se esforçar e lançarei a luz da verdade sobre a mensagem. Ela lhe será revelada e você não terá dúvidas sobre seu significado. Quando Eu digo que a vida é fácil, é exatamente isso que Eu quero dizer. Existe esforço demais na vida; como é que se pode ter paz se é necessário se esforçar o tempo todo? Deixe que a Minha paz, que supera toda compreensão, o preencha e o envolva, pois quando você tem paz interior, você reflete essa paz para o seu exterior e todas as almas que você encontrar se sentirão em paz também. Não permita que nada o perturbe ou o entristeça. Saiba simplesmente que tudo está nas Minhas mãos e que tudo vai muito bem. Portanto, eleve seu coração em profundo amor, admiração e gratidão, e viva seu dia em paz.

5 de maio

Observe a abundância da natureza, da
beleza ao seu redor, e reconheça que EU
ESTOU em tudo. Quantas vezes durante
o dia, andando de lá para cá, você olha as
coisas maravilhosas à sua volta e agradece
por elas? A maior parte do tempo você está
tão ocupado que deixa de absorver grande
parte desses prodígios que poderiam elevar
e refrescar a sua mente. É uma questão de
abrir os olhos e se manter alerta e sensível.
Comece agora a se conscientizar mais das
coisas que realmente importam na vida, das
coisas que alegram o coração, refrescam o
Espírito e elevam a consciência. Quanto
mais beleza você absorver, mais beleza você
vai refletir. Quanto mais amor você absorver,
mais amor você terá para dar. O mundo
precisa de cada vez mais amor, beleza,
harmonia, compreensão, e você é a pessoa
para distribuir tudo isso. Por que não abrir
seu coração e começar agora?

6 de maio

Se sua vida está atrapalhada, não se
acomode, mas procure orientação em seu
interior e esteja pronto a aceitar ajuda do
exterior. Muitas vezes Eu preciso usar
vários canais para lançar luz a uma situação,
especialmente quando existem pontos cegos
ou quando você está próximo demais de uma
situação para conseguir focalizá-la. Nesses
momentos, esteja disposto a aceitar ajuda
externa, apesar de que isso não quer dizer
que você deva correr para pedir ajuda a
alguém toda vez que tiver um problema para
resolver. É importante que você aprenda a
se equilibrar sobre suas próprias pernas e seja
capaz de pensar sozinho, procurando ajuda
interior sempre que possível. Você não deve
ser preguiçoso espiritualmente, dependendo
de outra pessoa para fazer o seu trabalho. É
preciso tempo e paciência para se aquietar e
se recolher para procurar as respostas, mas
você só vai crescer espiritualmente se colocar
estas lições em prática.

7 de maio

Mantenha seu centro interior imóvel como
um espelho d'água, para que você possa
refletir tudo que há de melhor sem distorções
e, então, possa irradiar o melhor para fora
de você. Não permita que nada o perturbe
ou desanime; saiba que tudo vai indo bem
e assuma seus passos sem preocupações.
Aprenda a rir de si mesmo, especialmente
quando perceber que está levando tudo
muito a sério e está começando a se curvar
sob o peso do mundo. Quando você se
surpreender muito sério, solte-se, relaxe
e comece a desfrutar a vida e a tensão
desaparecerá. Se você estiver carregando
um fardo pesado demais para seus ombros,
solte-o, descanse e relaxe. Descansado e
relaxado você será capaz de render muito
mais do que quando você está tenso como
um elástico esticado a ponto de arrebentar
a qualquer momento.

8 de maio

Esta vida espiritual exige almas
completamente dedicadas, pois, sem
dedicação, elas não aguentarão a caminhada.
Se você não está firmemente direcionado
e completamente dedicado, muitos fatores
poderão desequilibrá-lo. Uma vida plena e
gloriosa deve ser vivida em tempo integral.
Você tem que se manter alerta dia e noite
para poder entrar em ação assim que for
necessário, sem nenhuma preocupação por
si próprio. Haverá momentos em que será
necessário agir baseado somente na fé e
na confiança, sem nem mesmo perguntar
as razões. Você terá que agir de acordo
com sua intuição e inspiração sem que haja
nenhuma razão aparente para justificar
o que você está fazendo. Mas quando você
souber que uma coisa está certa, vá
em frente, com a certeza que a força da luz
o estará acompanhando,
porque EU ESTOU com você.

9 de maio

Nade a favor da correnteza, não contra
ela. Quando você sentir que mudanças são
necessárias, mude sem resistência. Seja bem
flexível. Mantenha-se receptivo e nunca
adote a atitude "O que foi bom para os
meus pais é bom para mim". As necessárias
mudanças jamais acontecerão se esta for a
sua atitude, porque elas não se encaixam
mais nos moldes antigos; elas cresceram
e precisam de mais espaço. Dê-lhes mais
espaço expandindo-se com elas. O processo
não será doloroso se não houver resistência.
Uma planta que cresce precisa de um vaso
maior para que suas raízes possam se
espalhar. Se a sua consciência cresceu além
dos conceitos antigos você precisa permitir
que ela se expanda por novos territórios.
Este processo deverá se processar muito
naturalmente, sem pressões ou tensões.
Simplesmente solte-se, relaxe e sinta-se
mudar e expandir tão naturalmente quanto
você respira, transportando-se do velho
para o novo.

10 de maio

Nunca deixe de agradecer por cada lição aprendida, mesmo que tenha sido difícil. Perceba que somente o melhor resultará e cada dificuldade é somente um degrau no caminho. Lições importantes devem ser aprendidas e quanto mais depressa, melhor. Não tente se esquivar delas, ou rodeá-las; reconheça seu valor e encare-as de frente. Não seja como uma agulha de vitrola presa num sulco, repetindo sempre os mesmos erros. Quando tiver vontade de mudar, mude. Quando quiser ser diferente e viver uma vida vitoriosa, decida-se nesse sentido e você conseguirá. Por que não começar agora a ver somente o melhor na vida e aproveitá-la como ela deve ser aproveitada?

11 de maio

EU SOU a fonte de tudo. EU SOU a fonte de abundantes suprimentos. Pense abundância, pense prosperidade. Nem por um segundo pense em falta ou pobreza. Quando você pensa limitação, você cria limitação, você a atrai para si. E antes que perceba, você represou o livre fluir dos Meus ilimitados suprimentos. Da próxima vez que lhe faltar algo, não culpe as circunstâncias, suas condições ou sua situação, mas recolha-se e descubra o que é que você está fazendo para causar o bloqueio. O medo pode bloquear mais rapidamente que qualquer outra coisa. Entregue seus temores e preocupações para Mim e deixe que Eu o sustente. Deixe que Eu o preencha com poder e força, com fé e crença. Quando você tiver endireitado seus valores espirituais, você verá que sua vida se desenrolará em total perfeição.

12 de maio

Sem Me amar, você não pode Me conhecer, trilhar Meus caminhos e fazer a Minha vontade. Você só poderá Me amar se amar ao seu próximo. Muitas almas falam sobre seu amor por Mim e, no entanto, não sabem o que significa amar a si mesmas e ao seu próximo. A chave é sempre o amor, e a lição mais importante a aprender é a do amor. Você tem que aprender a amar o que faz, o ambiente que o rodeia, a amar o lugar onde você mora, o ar que você respira e o chão que você pisa. Ame tudo que você olhar. Só gostar não é suficiente, é preciso amar incondicionalmente. E é bom você se recolher de vez em quando e verificar quanto de amor você tem para dar. Observe seu dia a dia e avalie quanto amor você está colocando em tudo que faz, diz e pensa.

13 de maio

Não tente imitar ninguém; recolha-se e, na quietude, procure entender o quanto Eu preciso de você e como você se encaixa no Meu plano global. Não se sinta como um peixe fora d'água; entre no ritmo e harmonize-se com o todo. Quando você é autêntico, as tensões e pressões desaparecem porque você deixa de fingir ser o que não é. Você simplesmente é. Portanto, você terá uma paz interior que se refletirá em seu exterior. Você emanará paz, tranquilidade e serenidade. Você será capaz de criar a atmosfera certa onde quer que vá. Você será uma bênção e uma ajuda para todas as almas que cruzarem o seu caminho, e você criará paz e harmonia no mundo à sua volta. Agora, deixe a Minha paz o preencher e o envolver. Eleve seu coração e dê graças eternas por Eu estar lhe revelando o caminho.

14 de maio

Procurando com afinco você certamente
encontrará o que procura, a unidade coMigo,
a Fonte de toda a vida. Mas você tem que
procurar com calma. Essa unidade não vai
acontecer de graça, sem que você deseje Me
conhecer; será preciso conhecer a verdade e
entender o que ela realmente significa para
você. A profunda experiência espiritual
de sabedoria interna só é revelada para as
almas desejosas do saber; portanto, não fique
brincando com suas experiências espirituais.
Depende de você levá-las a sério e interiorizá-
las. A vida é completamente vazia e fútil
até que você comece a vivê-la plenamente,
testando para verificar se esta vida espiritual
é possível e vantajosa de ser vivida. Comece
agora. Nada de espiritualidade preguiçosa;
que seja uma espiritualidade viva, vibrante e
visível para todos. Deixe que Eu veja você
começar a viver agora.

15 de maio

Tenha fé em si mesmo e na sua capacidade de fazer as coisas com a Minha ajuda. Então, tudo que você se propuser a fazer será feito com perfeição e alegria. A vida é para ser aproveitada e não deve ser carregada como um fardo pesado que faz você se encurvar e arrastar os pés. Você pode ter grandes responsabilidades, mas não é preciso se curvar sob seu peso. Quando sua atitude em relação a elas é positiva, você as cumpre com alegria e com a certeza que pode levá-las a cabo sozinho. Porque EU ESTOU aqui e você pode compartilhar tudo coMigo. Você nunca está só. Quanto mais cedo você entender e aceitar isso, mais cedo sua atitude mudará em relação às suas obrigações e mais cedo você será capaz de se ajustar a cada situação e se divertir com ela.

16 de maio

Que as palavras que saem de sua boca e as meditações que saem do seu coração sejam sempre aceitáveis para Mim. É melhor ficar quieto e não dizer nada do que permitir que palavras impensadas sejam ditas, palavras das quais você possa se arrepender depois. Falar demais pode causar dor e sofrimento; aprenda a controlar sua língua e conte até dez antes de falar. Palavras impensadas podem ferir num segundo, mas leva muito tempo para uma mágoa cicatrizar. Quando você aprender a fazer tudo por Mim e pela Minha honra e glória, você não cometerá erros. Se você observar pacientemente, encontrará em cada alma a faísca divina; você a abanará até que ela vire uma chama, nunca tentando apagá-la com sua crítica, intolerância ou falta de compreensão. Você entenderá que para Mim todas as almas são iguais.

17 de maio

Cada coisa é parte de um todo e você é
parte desse todo. Quando você entender e
aceitar esse fato, nunca mais você se sentirá
separado. Você nunca mais poderá se
afastar do todo porque é o viver, o colocar
em prática, que dá ao todo força e realidade.
Comece já a viver e colocar em prática tudo
o que você tem aprendido e não permita
que essas lições continuem apenas como
palavras, sem consistência. Uma semente
não cresce até que tenha sido plantada e
cuidada. Uma alma não se expande e não
encontra sua própria identidade se não se
encontrar no ambiente certo, cercada de
amor e compreensão. Nestas condições,
tudo começa a acontecer e as mudanças
surgem rapidamente. O velho é deixado
para trás quando é confrontado com a
luminosidade do novo e o crescimento e a
expansão da consciência podem acontecer
sem nenhuma restrição.

18 de maio

Faça aos outros o que gostaria que eles lhe fizessem. Pense bem nesta lei e aplique-a. Colocando-a em prática você verá todo egoísmo e egocentrismo desaparecerem e seu amor pelos seus semelhantes virá em primeiro lugar. Você encontrará a verdadeira liberdade e felicidade quando começar a pensar e a viver pelos outros. Neste elevado estado de consciência, nada lhe poderá acontecer de mal, porque a vida pode fluir livremente, sem obstruções. Recuse-se a considerar os obstáculos; veja somente as oportunidades. Quando errar, corrija-se e aprenda a lição. Existe uma resposta para cada problema: procure até encontrá-la. Nada será em vão, porque se você realmente se empenhar na busca, certamente achará a resposta, mas lembre-se: não espere que as coisas caiam do céu. Eu ajudo aquelas almas que se ajudam a si mesmas.

19 de maio

Deixe o ontem para trás e não perca mais tempo se lamentando dos erros e falhas que possam ter atrapalhado o seu dia; eles já são o passado. Agradeça por este novo dia, um dia ainda sem nenhuma marca. Ele ainda está puro e glorioso e só depende de você mantê-lo assim. Depende de você ir em frente com absoluta fé e confiança que este vai ser um ótimo dia, um dia perfeito; tudo vai correr bem e suavemente. Você só encontrará pessoas alegres e agradáveis e nenhuma ideia negativa ou desagradável chegará até sua consciência. Neste começo de dia, tudo vai indo muito bem. Tudo é perfeito e você vai mantê-lo assim com a Minha ajuda e orientação, conservando-se constantemente consciente de Mim e da Minha divina presença e esperando por Mim na quietude e confiança.

20 de maio

Onde EU ESTOU existe liberdade e
libertação. Onde EU ESTOU a vida é vivida
em sua plenitude, com alegria indescritível.
Todas as almas podem atingir este estado
de consciência se elas se aquietarem e
procurarem dentro de si mesmas. EU
ESTOU em você, portanto pare de procurar
ao seu redor. Pare de perseguir sonhos
impossíveis e encontre dentro de você o que
procura. De que adianta saber estes fatos
somente em teoria? Deixe de lado a teoria e
comece a pôr seu conhecimento em prática.
Por que não começar agora a se abrir
para a conscientização de Mim e da Minha
divina presença? Por que não Me convida
a compartilhar tudo com você, andar e falar
sempre coMigo e se aquietar para ouvir a
Minha pequena voz? Chegue mais perto.
Sinta esta unidade, a maravilha de estar em
perfeita paz interior por ser um coMigo.

21 de maio

Nunca tente interferir no caminho de outra pessoa. Cada alma tem que descobrir seu próprio caminho e atingir sua meta de sua própria maneira. Algumas conseguem isso através da meditação, outras através da prece, outras através do trabalho ou, ainda, através do contato com seus semelhantes. Que cada alma encontre seu próprio caminho e o siga. Nada de se meter em becos sem saída ou de ficar tentando seguir por atalhos, desperdiçando tempo e energia preciosos. Siga pelo caminho direto e estreito. Mantenha seus olhos na meta de se realizar em sua unidade coMigo, o Senhor seu Deus, a divindade que existe dentro de você. Não desista quando a caminhada se tornar dura e áspera; siga em frente e você chegará lá. A vida não é para os fracos de espírito ou para aqueles que têm medo de encarar a verdade e trilhar o caminho da luz. Seja forte, corajoso. Ponha sua mão na Minha e Eu guiarei cada um de seus passos; basta que você Me permita.

22 de maio

Se você não deixar uma criancinha fazer as coisas sozinha, como se alimentar, andar, se vestir, escrever, desenhar, se expressar, ela nunca se desenvolverá a ponto de se tornar independente e conseguir tomar suas próprias decisões. Você tem que lhe dar espaço e permitir que ela erre, dando-lhe tempo para que ela possa adquirir segurança sobre suas ações. Você tem que ter paciência e ficar só observando, não importa quão tentado esteja em ajudá-la para ganhar tempo. Abra seus olhos e perceba que a vida é como uma sala de aula numa escola, e que você está aprendendo o tempo todo. Quantas vezes Eu não tenho que ficar amorosamente observando você de longe, vendo você se atrapalhar com a vida a fim de aprender lições importantes, lições que jamais serão esquecidas uma vez que forem aprendidas e dominadas? Eu tenho paciência e amor infinitos.

23 de maio

Faça tudo sempre com amor; faça para a Minha honra e glória; e não se preocupe. O que é feito com a atitude correta, é feito perfeitamente; portanto, assuma sempre a melhor atitude. Mantenha sempre em sua mente as palavras "O trabalho é amor visível", e então você trabalhará sempre com alegria e contentamento e o trabalho não será apenas uma tarefa a ser cumprida. Que enorme diferença uma atitude certa no trabalho faz para você e para as almas que o rodeiam! Se você quer ter sucesso, aprenda a amar e a lidar com as situações com uma atitude certa. Frequentemente uma tarefa se torna agradável simplesmente se você transformar sua atitude negativa em positiva. Cada alma se harmoniza com um tipo de trabalho. Você se harmoniza com o quê? Existe algo que você adora fazer? Então faça!

24 de maio

Saia de sua concha e expanda sua consciência; entenda que não existem limitações. Muitas pessoas não conseguem enxergar além de si mesmas ou do grupo ou comunidade a que pertencem. Elas se envolvem tanto com mesquinharias que não conseguem se expandir em nenhum sentido. É este o ponto que necessita mudanças e mudanças rápidas. Não se satisfaça em aceitar só o que você pode compreender, mas esteja disposto a seguir em frente e encarar o que parece ser impossível de realizar. Assim sua capacidade será ampliada. Deixe que ela seja ampliada ao máximo e, então, deixe que ela se amplie ainda mais. Viva à beira de acontecimentos totalmente novos. Não tema o novo e o desconhecido, simplesmente dê um passo por vez com absoluta fé e confiança, na certeza de que cada passo o levará para um novo céu e uma nova terra.

25 de maio

Você pode verdadeiramente afirmar que
ama seus semelhantes, que se preocupa
com eles e os considera como sua família?
Ou você somente os tolera e encontra
dificuldades em conviver com eles? Você não
pode dizer que Me ama se não amar seus
semelhantes, porque os relacionamentos são
tão entrelaçados que chegam a se confundir.
Você perde tempo escolhendo a quem amar?
Não deveria existir qualquer discriminação
no amor porque o amor divino acolhe a
todos igualmente. O amor divino entende
que todos são feitos à Minha imagem e
semelhança, não importando diferenças de
cor, raça, sexo, crença ou religião.
Você terá que atingir o ponto onde você
poderá enxergar e entender a unidade
de toda a vida, onde você saberá o real significado
da família humana e Me reconhecerá
como a fonte de tudo.

26 de maio

Traga o Meu céu para a terra. Depende de você escolher a maneira como fazer isso, de acordo com suas atitudes em relação à vida e à sua maneira de vivê-la. A vida é maravilhosa, mas você tem que abrir os seus olhos para enxergar toda beleza e glória. Você precisa estar disposto a ver o lado bom da vida e se concentrar nele, ignorando o lado mau, negativo e destrutivo para não fortalecer o mal. Você pode viver um dia todo sem perceber a beleza e as maravilhas da natureza à sua volta. Quanto da vida você perde, simplesmente por fechar a sua consciência e se recusar a elevá-la a um estado em que você se funde com a vida! Pare um pouco, olhe e escute o que se passa à sua volta, não deixe passar nada despercebido e aproveite cada momento. Dê graças eternas por tudo. Comece este dia com a finalidade de criar um mundo melhor à sua volta.

27 de maio

Toda alma tem necessidade de se recolher
de tempos em tempos para encontrar a
paz incomensurável. Toda alma precisa se
estabilizar e isso só pode acontecer na paz e
na quietude. Com estabilidade interior você
será capaz de enfrentar qualquer situação, e
o caos e confusão exteriores não o afetarão
de modo algum. Assim você estará no lugar
secreto do Mais Alto. Encontrar sua unidade
coMigo o fará capaz de seguir em frente
mesmo quando você pensar que chegou
ao fim de suas forças. São estes passos
dados em direção ao desconhecido, com fé
e apoiados na Minha força, que realizarão
prodígios e mudarão vidas. São estes passos
que possibilitarão o impossível e trarão Meu
reino para a terra, o glorioso novo céu e
nova terra. Caminhe sempre nesta direção.
Mude e mude rapidamente quando for
necessário. EU ESTOU sempre com você.
Revigore-se em Mim.

28 de maio

Antes de escalar uma montanha você
certamente testaria o seu equipamento,
pois sua vida depende desse equipamento
estar em perfeito estado e das cordas
não apresentarem defeito algum. Você
escolheria um bom guia, alguém em quem
você depositasse total confiança. Você teria
que estar disposto a seguir as instruções do
guia e obedecê-lo sem questionamentos. O
mesmo acontece com esta vida espiritual.
Você só pode se aventurar nesta vida se tiver
aprendido disciplina e obediência, se tiver
escolhido trilhar o Meu caminho e obedecer
a Minha voz. Não seria seguro agir de outra
maneira. Se você se sente empacado no
sulco da trilha, recolha-se e descubra no
seu interior o que o está segurando. Que
providências você tem tomado em relação à
autodisciplina? Você já consegue dizer "não"
para si mesmo? E obediência? Você está
disposto a Me seguir seja lá qual for o preço?

29 de maio

Você é o ponto de luz em Minha mente.
Você é o ponto de amor em Meu coração.
Quando você aceitar estes fatos, quando você
conseguir se ver como o microcosmo e o
macrocosmo, você nunca mais se depreciará
ou pensará mal de si mesmo. Você
entenderá que é realmente feito à Minha
imagem e semelhança, que nós somos um e
que nada, nem ninguém, pode nos separar.
Se você sente qualquer separação de Mim,
a culpa é sua, porque Eu nunca me separo
de você. Você é individualmente o que EU
SOU universalmente. Você se espanta de
ter que renascer para poder aceitar esta
maravilhosa verdade? Muitas almas se
desgarraram de Mim e se separaram tanto e
Me colocaram tão alto nos céus que Eu me
tornei inalcançável para elas. EU ESTOU
em você, escondido bem no fundo de seu
interior, esperando para ser reconhecido
e trazido à tona.

30 de maio

Você pode saber sobre as verdades
espirituais, mas só quando aplicá-las e
demonstrá-las em sua vida diária é que elas
vão se tornar realidade e vão se incorporar
a você. Você tem que ser o dono de seus
próprios pensamentos, de sua vida e da
maneira como resolve seus problemas. Você
precisa se sustentar sobre suas próprias
pernas e não ficar esperando que os outros
assumam responsabilidades que são suas.
Recolha-se e procure dentro de si pela
resposta e você a encontrará. Pode levar
algum tempo. Pode ser que você tenha que
aprender a ser paciente e esperar por Mim,
mas, se sua fé for suficientemente forte,
você encontrará tudo que busca. Aprenda
a se esticar, a crescer e a se expandir.
Aprenda a se nutrir da fonte de todo poder
e conhecimento, de toda sabedoria e
compreensão. Venha a Mim, o Senhor seu
Deus, a divindade que existe dentro de você.
Eu jamais o abandonarei ou o renegarei,
pois, como você já deve ter aprendido,
EU ESTOU sempre com você.

31 de maio

Comece já a expandir sua consciência e ver abundância em tudo, pois só assim suas necessidades serão supridas. Entenda que Eu lhe dou Meu reino com prazer, porque é deste reino que tudo flui. É por isso que você precisa procurar por ele primeiro para que tudo o mais lhe seja entregue. Eu sei de cada uma de suas necessidades e todas serão maravilhosamente supridas. Acredite nisso com todo o seu coração. Não permita que nenhuma dúvida tire o brilho deste prodígio. Aceite a Minha palavra, viva por ela e veja milagre após milagre acontecer. O tempo dos milagres ainda não terminou. Vivendo uma vida completamente dedicada a Mim, você será testemunha de prodígios indescritíveis. Você verá o impossível se tornar possível. Você perceberá Minha mão em tudo. E seu coração transbordará de amor e gratidão por tudo que vai acontecer.

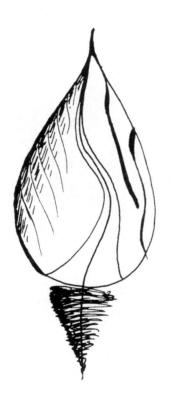

JUNHO

*Eu vi uma porta grande e pesada, difícil
de abrir porque as dobradiças estavam
emperradas. Eu vi algumas gotas de óleo
serem colocadas nas dobradiças e a porta
ser delicadamente azeitada até ser possível
abri-la apenas com um leve toque.
Eu ouvi as palavras:*

Use o óleo do amor cada vez mais,
porque é o amor que tudo facilita.
É o amor que sempre encontra o caminho.
Abra seu coração e
deixe o amor fluir livremente.

1º de junho

Por que não transformar em hábito a maneira de encarar a vida sempre com o espírito certo, alegremente, alerta e sempre com fé absoluta que somente o melhor vai lhe acontecer? Eu quero que você tenha tudo de bom nesta vida. Eu não quero que você passe sua vida com um fardo pesado nos ombros, curvado sob o peso dos problemas do mundo. Eu preciso de você livre para que Eu possa trabalhar em você e através de você. Pare de se preocupar e Me entregue seus problemas. Saiba que o reino do céu está em você esperando que você o reconheça. Você deve descobri-lo, acreditar nele e manifestá-lo. O reino do céu é um estado de espírito e todos devem procurar por ele. Toda alma tem que ansiar pelo reino do céu antes de encontrá-lo. O desejo deve existir e deve ser tão forte que não permitirá nenhum obstáculo no caminho.

2 de junho

Você é capaz de tudo quando sua fé e confiança estão em Mim e nenhuma dúvida ou temor o atrapalha. Se a sua atitude e a sua visão do mundo são certas, se você tem confiança em si próprio, não há nada que você não possa fazer, nada que você não consiga obter nesta vida. Você tem em seu interior todo poder, sabedoria, força, inteligência, compreensão. O impossível se torna possível porque Eu trabalho em você e através de você. Não tenha medo de ter grandes expectativas; não tenha medo de desejar o impossível. Não viva dentro de seus próprios limites: supere-se e deixe-Me demonstrar como tudo é possível para Mim. Se você não Me der essa oportunidade, como é que você vai descobrir o que é possível quando EU ESTOU em contato com você e EU ESTOU guiando e dirigindo sua vida? Solte-se, permita que EU tome as rédeas e espere para ver o que acontece.

3 de junho

Onde estão sua fé e confiança? Você não pode viver esta vida espiritual se não tiver fé e confiança em Mim. Deixe que Eu guie cada um de seus passos. Procure sempre por Mim no silêncio e deixe que Eu lhe revele o próximo passo; e, então, dê esse passo sem medo e com verdadeira alegria. Como é que você pode querer receber tarefa mais importante e maiores responsabilidades nesta vida antes de aprender a obedecer e cumprir as ordens mais simples? Como é que você pode querer abraçar o mundo se ainda não aprendeu a amar seus semelhantes e a conviver em paz e harmonia com eles? Uma criança tem que aprender a andar antes de aprender a correr. Você tem que aprender a amar seu próximo e trazer paz e harmonia para o ambiente que o cerca antes de ser capaz de trazer harmonia para o mundo. Entenda-se a si próprio primeiro, e, então, Eu poderei usá-lo para ajudar e servir seus semelhantes.

4 de junho

Nunca se satisfaça com a sua visão da vida. Existe sempre algo novo e excitante para se aprender e é preciso que você esteja receptivo e sensível para perceber o que está acontecendo à sua volta. O novo nem sempre é fácil de entender. Não se preocupe; esteja disposto a aceitar com fé, para que, agindo assim, sua compreensão possa crescer. Você saberá, com aquela percepção interior, se essas novas ideias e maneiras são boas ou não. Se você sentir profundamente que são corretas, permita-se absorver essas verdades mesmo sem compreendê-las totalmente. Gradualmente a luz nascerá e você acordará para o significado de tudo. Você não pode continuar pela vida sempre apegado aos antigos hábitos. Você precisa estar disposto a ramificar, a estender seus braços para as mudanças.

5 de junho

Você sabe o que significa amar, sentir seu coração transbordar de amor e gratidão, atingindo a todos que o rodeiam? É uma deliciosa sensação de bem estar e unidade com a vida. Todo temor e ódio, toda inveja e mesquinharia desaparecem quando existe o amor, porque então não sobra lugar para as forças destrutivas e negativas. Quando seu coração estiver frio e você não sentir amor, não desanime, procure algo para amar. Pode ser algo bem pequeno, mas essa pequena faísca pode inflamar seu coração de amor. Uma pequena chave pode destrancar uma pesada porta. O amor é a chave para todas as portas trancadas. Aprenda a usá-la até que todas as portas tenham sido abertas. Comece bem aí onde você está. Abra seus olhos, abra seu coração, perceba uma necessidade e solucione-a.

6 de junho

Tudo que lhe acontece na vida é resultado da sua consciência. Eleve sua consciência, seu ser, sua maneira de encarar a vida, e você começará a viver uma vida plena e gloriosa, que é sua herança por direito. Você pode ouvir falar sobre ela, pode observar outros vivendo por ela, mas nada lhe acontecerá se você mesmo não conseguir aceitá-la conscientemente. A alma mais simples e infantil consegue aceitar o reino do céu mais facilmente do que a alma intelectualizada que pensa que sabe todas as respostas mentalmente mas não consegue elevar sua consciência. Cada alma consegue atingir um determinado estado de elevação de consciência, mas é algo que se consegue a partir do próprio interior, da sabedoria interna, da inspiração e intuição que não requerem conhecimento e sabedoria exterior. Está tudo lá, dentro de cada alma, esperando ser reconhecido e trazido à tona para poder ser vivido.

7 de junho

Por não fazer tudo sempre da melhor
maneira possível? Para ser perito em alguma
coisa você precisa praticar até conseguir
dominar todos os detalhes. Portanto,
você só vai ter resultados perfeitos nesta
vida espiritual se você parar de levá-la na
brincadeira. Mergulhe nela de todo coração.
Para ter sucesso, a vida exige tudo de você;
por que não dar tudo e ver o que acontece?
Nada na vida se tornará realidade se você não
colocar em prática para ver como funciona.
Comece já a praticar a arte de viver esta vida
espiritual. Continue a fazer experiências com
ela e não desanime se não tiver resultados
imediatos. Continue simplesmente a aplicar
os seus princípios e logo você terá ótimos
resultados. Esta é verdadeiramente uma
vida gloriosa quando você está disposto a se
dedicar totalmente a ela.

8 de junho

Qual é o seu primeiro pensamento ao
acordar? É um pensamento de pura alegria
pelo novo dia ou de desânimo pelo que o
dia pode trazer? Você faz um esforço para
se harmonizar e entrar no ritmo desse dia?
Você consegue acordar com uma canção
de louvor e agradecimento em seu coração?
Que diferença enorme vai fazer para a sua
vida quando você conseguir fazer isso e
começar o dia com uma visão rosada do
mundo, mantendo essa visão durante todo
o correr do dia. Comece com o pé direito.
Não se preocupe com o amanhã; só hoje
importa, o que você faz hoje e o que hoje
pode lhe trazer. Saiba simplesmente que
você pode e fará deste dia um sucesso e que
tudo que você fizer será feito com perfeição.
Tudo que você disser será dito com amor,
tudo que você pensar será do mais alto nível
e somente o melhor virá de você neste dia.

9 de junho

Você é parte do Meu plano infinito. Você tem um papel a cumprir no quadro geral. Pode até ser um papel pequeno, mas é essencial para completar o todo. Em nenhum momento pense que, por ser pequeno, seu papel não é importante. Quem é você para julgar? Eu preciso de você no seu lugar específico, fazendo sua tarefa específica. Se você ainda não descobriu qual é essa sua tarefa, depende de você procurá-la e encontrá-la. Veja a si mesmo se encaixando no lugar certo, oferecendo sua contribuição para o todo e, assim, sinta-se parte integrante do maravilhoso todo, não mais separado ou dividido. Ninguém pode fazer isso por você. É você mesmo que precisa procurar e achar o que é seu. Ninguém mais pode viver a sua vida. Só você.

10 de junho

A vida não será mais monótona e mundana a partir do momento em que você começar a trilhar este caminho espiritual, porque ele põe a vida em movimento e nada se mantém estático. O novo poderá se desdobrar ao seu redor e dentro de você em total liberdade e perfeição. Você está satisfeito em continuar pelo mesmo caminho antigo? Você é livre para continuar nele, mas não espere que algo animador aconteça em sua vida se essa for a sua escolha. Grandes oportunidades também não surgirão e você não pode esperar ser usado por Mim para trazer o novo céu e a nova terra. As almas que escolhem seguir seu próprio caminho precisam estar preparadas para enfrentar as consequências, mas as almas que estão dispostas a cumprir a Minha vontade e trilhar os Meus caminhos serão introduzidas na Nova Era. Por que esperar pelo amanhã para fazer sua escolha? Escolha agora.

11 de junho

É na quietude que tudo se aclara. É na quietude que tudo se torna paz e você pode Me encontrar. EU ESTOU sempre aqui, mas você permanecerá cego para este fato extraordinário até que consiga aquietar-se e Me buscar no silêncio, e isso você pode fazer a qualquer hora. Quanto mais você praticar, mais natural isso se tornará, até chegar o momento em que será tão natural quanto respirar. Você não precisa largar tudo depressa para ficar só e poder Me encontrar. Você será capaz de Me encontrar a todo momento e em tudo que fizer. Não importa a confusão, o caos ao seu redor ou qualquer que seja o barulho exterior. Você pode mergulhar no silêncio e paz interiores para Me encontrar. Quando você tiver Me encontrado, a luz da verdade brilhará sobre todas as situações, pois onde EU ESTOU não há escuridão; não há problemas. Só há paz.

12 de junho

A beleza da vida o rodeia: abra seus olhos, aprecie-a, absorva-a, torne-se parte dela e um reflexo dela. Quando você espera ver beleza, você a verá, e quando você espera ver a feiura, é isso que você verá. A escolha é sempre sua. Sacie-se nas fontes da beleza e você a refletirá, porque o que está no seu interior é refletido no seu exterior. Você é como um espelho, você não pode esconder o que está no seu interior, mesmo tentando com todas as suas forças, porque o que está dentro de você não pode ser contido. Mais cedo ou mais tarde terá que se expressar no mundo exterior, portanto, deixe que o que está contido flua livremente e não tente interromper esse fluir. Eleve sua consciência e você será capaz de ver a beleza em tudo e em todos. Você Me verá refletido ao seu redor, porque EU SOU beleza, harmonia e perfeição. Aprenda a expressar essa beleza, essa harmonia em tudo que você pensa, diz e faz.

13 de junho

É muito importante que você adote a atitude certa em relação às coisas. Você não pode querer crescer e se expandir espiritualmente se a sua atitude é negativa e você só consegue enxergar as dificuldades e os obstáculos da vida. Existe sempre algo de bom em toda situação se você olhar pelo ângulo certo, e há sempre algo que devemos agradecer. Quando não existe amor em seu coração você se torna cego para as coisas boas, para o que as almas à sua volta têm de bom e para esta vida maravilhosa que é a sua. Como você é abençoado! Mas, a não ser que você esteja disposto a aceitar e reconhecer estes fatos, e ser agradecido por eles, você irá se lamentar pela vida afora, com os olhos tapados. Avalie-se e, se você se sentir emperrado, a melhor maneira de mudar a situação é começando a se doar para os outros. A vida é o que você faz dela. O que é que você está fazendo da sua vida?

14 de junho

Por que se condenar pelas suas aparentes inadequações, seus erros e suas falhas? Em vez de viver mergulhado no lado negativo de sua vida, transforme suas fraquezas em forças e suas faltas em virtudes permitindo que o positivo se manifeste em sua vida. Encontre bem no fundo de seu interior a verdadeira beleza, a virtude e a bondade. Tenha fé que estas qualidades estão lá e você as encontrará. Quando você se recusa a ver o melhor em si mesmo e prefere se importar com o que tem de negativo, você precisa estar preparado para aceitar as consequências, porque você atrai aquilo que pensa. Você pensa, portanto existe. Pense o melhor e você atrairá o melhor. Entenda que você consegue tudo que quer quando EU ESTOU com você, guiando-o e dirigindo-o. E não poderia ser de outra maneira porque EU SOU e EU ESTOU em você.

15 de junho

Você tem um grande poder nas mãos:
use-o corretamente para o bem do todo.
O poder pode ser usado positiva ou
negativamente, é uma simples questão de
escolha. Quando você quer somente os
melhores resultados e o usa positivamente,
as coisas mais maravilhosas acontecem. O
poder da eletricidade usado positivamente
pode pôr enormes máquinas em movimento;
ele pode iluminar grandes cidades, pode
realizar prodígios. Mas quando é mal usado,
os resultados podem ser devastadores. O
mesmo acontece com o poder espiritual, que
pode ser ainda maior: ele está aí, esperando
para ser usado, mas da maneira correta.
Então, só o melhor pode acontecer e você
presenciará os prodígios se sucederem
em total perfeição. As almas que já estão
prontas e preparadas para usar corretamente
esse poder estão sendo empregadas neste
momento para ajudar a trazer o novo
céu e a nova terra.

16 de junho

Certifique-se que você tem uma meta na vida.
Não se contente em navegar pela vida como
um barco sem leme, sendo jogado nesta
ou naquela direção ao sabor do vento; sem
uma meta definida você não chegará a lugar
nenhum. Almas demais estão à deriva nesta
vida, sem realizar nada de bom. Encontre a
paz interior e, sem esforço ou tensão, siga
o seu caminho. Faça o que é necessário e
que lhe foi revelado em seu interior e não
o que foi determinado por fatores externos.
Consulte sempre o seu interior para saber se
o que você está fazendo está certo; siga em
frente e afaste os obstáculos com segurança
e convicção. Entenda que EU SOU a
sua bússola, EU SOU o seu guia e EU o
conduzirei à sua meta, mesmo que o caminho
pareça difícil.

17 de junho

Tenha sempre em mente que todos os caminhos conduzem a Mim. Alguns têm mais curvas e são mais tortuosos que os outros. Alguns parecem estranhos e desnecessários, mas não se preocupe. Permita que cada alma encontre e trilhe seu próprio caminho. Saiba que todos atingirão o mesmo fim: a realização de sua unidade coMigo. Existe um caminho reto e estreito que leva diretamente a Mim, mas ele parece simples demais para certas almas que não podem aceitar que ele leva a Mim. Elas preferem escolher caminhos mais difíceis e cheios de desvios, acreditando que com sacrifício e sofrimento ganharão mais merecimentos. Todo esse esforço é desnecessário, mas os seres humanos têm livre arbítrio e são completamente livres para escolher seus próprios caminhos. Portanto, viva e deixe viver, sem criticar os seus semelhantes.

18 de junho

Ideias e maneiras conflitantes surgirão
nos próximos tempos. Você será testado
exaustivamente e depois será deixado por
conta própria. Não tente se agarrar a todo
graveto que passar por você. Recolha-
se e, em seu interior, retire sua força de
Mim e siga seu caminho em paz. Todas as
dúvidas e temores o abandonarão e você
se manterá firme e inabalável como uma
rocha, apoiando-se nesta sabedoria interior.
Ventos, tempestades podem surgir lá fora,
mas não o afetarão. Eu preciso de você forte
e corajoso, certo da verdade interior que
ninguém pode lhe tirar. Não se deixe sugar
pelo torvelinho do conflito e da desesperança
que existe no mundo atualmente; encontre
seu santuário interior e Me reconheça,
porque EU SOU a sua âncora, EU SOU o
seu santuário. Deixe que a Minha paz e o
Meu amor o preencham e o envolvam.

19 de junho

O que a idade significa para você? Você tem medo de envelhecer? Ou você é daqueles que encara tudo positivamente e entende que a fonte da juventude é a sua consciência? Mantendo sua mente jovem, fresca e alerta, você não envelhecerá. Se você tem muitos interesses e aproveita plenamente a vida, como poderá envelhecer? Os seres humanos se limitam ao pensar que os 70 anos sejam o auge da vida. Pode ser apenas o começo para muitas almas que acordam para as maravilhas da vida, e, acordando, começam a aproveitá-la. Elimine todos os pensamentos de velhice. A velhice é somente uma forma de pensamento universal que se solidificou como a casca de uma noz, e é dura de quebrar. Comece já a reformular seus pensamentos a respeito de idade.

20 de junho

Como é importante adotar a atitude certa
na hora de doar. Doe sem alarde, com
segurança e, acima de tudo, com amor e
alegria. Tudo que é dado de má vontade
carrega más vibrações e não resulta em nada
de bom. Certifique-se que tudo que você faz
seja feito com amor, mesmo que você não
entenda bem porque está fazendo. A tarefa
mais simples pode redundar em resultados
surpreendentes e maravilhosos se for feita
com amor. Portanto, deixe o amor fluir
livremente em tudo que faz. Perceba que
o que você está fazendo é necessário e que
nenhum serviço é pequeno ou insignificante.
Quando todas as almas doam o melhor de si,
o peso das responsabilidades não é assumido
só por uns poucos. A carga compartilhada
se torna mais leve para todos, ao ponto de se
transformar em verdadeira alegria e prazer.
Policie suas atitudes e contribua para a
alegria e o bem estar do todo.

21 de junho

Se as coisas não correram muito bem ontem, não se preocupe; já passou e você não pode fazer mais nada. Hoje já é outra história: o dia se abre à sua frente intocado e sem manchas, e depende de você fazer dele um dia maravilhoso. Como é que você começa cada dia? Lembre-se que ninguém tem nada com isso; depende apenas de você a maneira como seu dia vai se desenrolar. Tente começar seu dia com paz interior e contentamento, aquietando-se e deixando esta paz o preencher e o envolver. Não se apresse a começar o dia despreparado e sem harmonia ou você carregará esse estado de espírito pelo dia afora e isso afetará não somente o seu dia, mas também as almas com as quais você entrar em contato. Depende de você escolher como o seu dia vai ser. Por que não escolher já?

22 de junho

Mudança é a chave que lhe abrirá todas as portas, mudará seu coração e sua mente. Quando sua segurança está em Mim, você não tem medo das mudanças, por mais drásticas que elas pareçam. Saiba simplesmente que cada mudança é para o bem do todo, sejam elas mudanças pessoais, mudanças no país ou no mundo. Aceite que elas são necessárias e as acompanhe. Siga em frente e para o alto quando Eu lhe disser que o melhor ainda está por vir. Você achará o novo muito mais interessante do que o velho à medida que você se incorporar a ele sem resistência. Por que tornar as coisas mais difíceis para si mesmo? Nada fica na Minha mão. A bola já começou a rolar: o novo dia está aqui e você só será parte dele se o aceitar e fluir com ele; do contrário, você será deixado para trás.

23 de junho

Como é que você espera crescer sem ser esticado, sem ser testado? Onde é que você coloca sua fé e sua segurança? De que fonte você se abastece de força e poder? Você está tentando viver sua vida confiando na sua própria força e energia para conseguir isso? Se este é o caso, você não aguentará por muito tempo as pressões e tensões à sua volta. Mas quando você colocar tudo em Minhas mãos e Me permitir guiá-lo e dirigi-lo, você conseguirá tudo, porque para Mim tudo é possível. Você sente que o fardo que carrega é pesado demais e que a tarefa está além de suas forças? Por que não colocar sobre Mim suas cargas e preocupações e Me deixar pilotá-lo através das águas turbulentas? Eu o levarei para águas calmas e o livrarei de todas as pressões quando você tiver fé e confiar totalmente em Mim.

24 de junho

Dedique-se a Mim neste dia, ao Meu serviço e ao serviço da humanidade. O servir é um curador maravilhoso porque, à medida que você se esquece de si mesmo, você cresce e se expande maravilhosamente. Você será capaz de voar a grandes alturas e mergulhar em grandes profundidades, e seu amor e compreensão da vida começarão a ter significado para você. Este dia lhe trará incontáveis oportunidades de crescimento. Aceite cada uma com o coração pleno de amor e gratidão e sinta sua consciência e sua sabedoria se expandindo. Espere somente o melhor de tudo e de todos e observe o melhor acontecer. Enxergue o melhor em cada um e trabalhe a partir deste elevado estado de consciência. Encoraje seus semelhantes de todas as maneiras possíveis: todas as almas precisam de encorajamento. E você descobrirá que, ajudando os outros, estará ajudando a si próprio.

25 de junho

Procure e encontre a liberdade do Espírito,
porque onde existe liberdade verdadeira,
existe paz; e onde existe paz, existe amor,
e o amor destranca todas as portas.
Onde existe amor não existe crítica, nem
condenação, nem julgamento, porque você
sabe e entende que tudo está em Mim e no
Meu amor. Você enxerga a família humana
que foi criada à Minha imagem e semelhança.
Você vai além da aparência, direto ao âmago
da questão, onde não existe separação e
tudo se funde em completa unidade. Você
enxerga o melhor em tudo e em todos.
Quando você conquista a perfeita paz interior
você não perde mais tempo tentando mudar
os outros. Você simplesmente aprende a ser
e, sendo, você cria um sentido de unidade na
vida, e a paz e o amor reinarão sobre nós.

26 de junho

Uma vez que o pintinho sai de sua casca
ou a borboleta deixa a sua crisálida, não há
mais caminho de volta, mas permanece um
sentimento de continuidade em direção ao
novo. O desdobrar-se deve ser para você um
processo diário, vivido hora a hora, minuto
a minuto. Sinta excitação e expectativa
em relação ao que está acontecendo. Não
haverá um momento sem graça na vida se
você se mantiver sempre alerta. Deixe que o
progresso aconteça sem colocar obstáculos,
mas sim progredindo com ele. Eu lhe digo
que tudo que acontecer será para melhor,
pelo crescimento e benefício do todo.
Encontre o perfeito ritmo da vida e dê o
melhor de si. Flua com ele, não contra ele,
pois só assim você encontrará paz de coração
e de mente; e quando você conquistar a paz
interior, você estará aberto e preparado para
presenciar o novo se desdobrar.

27 de junho

Esteja disposto a seguir em frente sem medo, e ser pioneiro das aparentemente novas maneiras, dos novos conceitos, das novas ideias. Esteja disposto a derrubar velhas barreiras e a revelar a luz da verdade. Eu digo "aparentemente novas" porque nada, na verdade, é novo. É só uma questão de completar um círculo; de mais uma vez encontrar sua unidade coMigo; mais uma vez aprender a andar e falar coMigo como no começo; é uma questão de renascer no Espírito e na verdade. Sinta-se crescer e expandir. Sinta-se largando o velho e adotando o novo com alegria e agradecimento. Como é glorioso o novo, como são maravilhosos os Meus caminhos! Torne-se constantemente consciente de Mim e da Minha divina presença e regozije-se, porque o Meu reino agora é realidade.

28 de junho

Quando um armário está cheio demais e
suas portas são abertas, o que está dentro
começa a cair para fora e é impossível
segurar tudo. Quando as comportas de uma
represa são abertas, a água sai com violência
e arrasta tudo que encontra pela frente. O
mesmo acontece com o poder espiritual
contido em você: uma vez descoberto e
solto, nada consegue interromper seu fluxo.
Ele se derrama varrendo toda negatividade
e desarmonia, trazendo com ele amor,
harmonia e compreensão. O amor tomará
conta do mundo e unirá toda a humanidade.
Portanto, o quanto antes você liberar esse
tremendo potencial de amor contido em
você e permitir que ele flua livremente, mais
depressa você conquistará paz e harmonia
para o mundo e unidade para a humanidade.
Com amor em seu coração você é capaz de
atrair o melhor para todos, porque o amor só
enxerga o melhor e só atrai o melhor. Não
tenha medo. Abra-se, não esconda nada e
deixe o amor fluir livremente.

29 de junho

Não se sobrecarregue com tudo que precisa
ser feito. Simplesmente aprenda a dar um
passo de cada vez e saiba que cada passo o
conduz para mais perto de sua meta. Não
tente correr antes de conseguir andar; não
tente assumir mais do que é capaz de realizar
para não ter que se arrastar sob o peso de
sua carga, cada passo um esforço. Esta não
é a atitude certa; isto não é estar preenchido
com Minha alegria e liberdade. Isto só
significa que você está tentando se apoiar só
na sua própria força; significa que você está
separado de Mim e perdeu a visão da sua
meta. Interrompa o que está fazendo, mude
sua atitude. Entregue tudo a Mim e depois
relaxe e aproveite o que está fazendo de
uma maneira completamente nova.
Mudança de atitude pode acontecer num
piscar de olhos, portanto, mude, mude
depressa e dance e cante no decorrer deste
dia de mãos dadas coMigo.

30 de junho

Você está constantemente consciente de Mim e da Minha divina presença? Você acorda a cada dia com uma canção de amor e gratidão em seu coração? Você está pronto para enfrentar qualquer coisa que o dia possa lhe trazer, sabendo que vai ser um dia maravilhoso porque Eu vou na sua frente preparando o caminho? Você vê somente o melhor acontecendo neste dia e tudo se encaixando perfeitamente em seus lugares? Você é capaz de enxergar toda a beleza e a maravilha que existe no mundo ou você fica se preocupando com o estado caótico do mundo atual, reclamando que é tudo culpa da humanidade? Entenda que sem fé é impossível viver esta vida, porque é a fé que torna tudo possível. Mas, sozinho, você não consegue fazer nada. Deixe que Eu trabalhe em você e através de você, para que todos possam Me conhecer e Me amar e desejem trilhar os Meus caminhos e cumprir a Minha vontade.

JULHO

*Eu vi um quebra-cabeça espalhado
sobre uma enorme mesa. Fiquei
observando as peças serem encaixadas
e vi como cada uma cabia
perfeitamente em seu devido lugar.
Eu ouvi as palavras:*

Quando você está em seu devido
lugar, fazendo a sua tarefa específica,
não existe conflito, e Meu plano tem
condições de se realizar com perfeição.

1º de julho

Regozije-se e dê graças eternas, porque você sabe que vive para a eternidade. Viva dia a dia e viva cada momento plena e gloriosamente, esquecendo-se do passado e sem preocupações pelo futuro, simplesmente aceitando que a vida é eterna, sem começo e sem fim. Ao mesmo tempo que você está crescendo e expandindo sua consciência, você está começando a entender o mistério e o prodígio que a vida é eterna e a realização da sua unidade coMigo, o Criador da vida. Passo a passo você segue em frente e para o alto, pleno de paz, tranquilidade e serenidade, entendendo que, se tudo está em Minhas mãos, você não precisa se preocupar. A vida torna-se um fardo quando você tenta enxergar muito longe no futuro, pois isso traz temor, incerteza e até falta de fé para muitas almas. Torne-se como uma criança, livre e alegre, e a vida será para você uma contínua fonte de prazer. Acredite na vida e viva-a plenamente.

2 de julho

Só testando é que se pode provar que algo funciona. Você tem que dar o primeiro passo apoiado na fé e conseguir o que parece ser impossível. Você tem que aprender a se superar, a viver além dos seus limites, para provar que coMigo tudo é possível. Viver confinado no seu pequeno ego, com medo de ultrapassar seus limites, com medo de testar a vida, não o levará a lugar nenhum e você não será capaz de enxergar a Minha mão em tudo. Nada tema; saiba simplesmente que EU ESTOU sempre com você e EU o guiarei e dirigirei cada um de seus passos. Mostre ao mundo que tudo funciona em uníssono pelo bem daquelas almas que Me amam verdadeiramente e Me colocam sempre em primeiro lugar. Espere e observe os milagres acontecerem um após o outro. Perceba a manifestação do novo céu e da nova terra à medida que você aprende a viver esta vida e a fazê-la funcionar. Veja prodígio após prodígio acontecer, porque você está vivendo e colocando tudo que aprendeu em prática.

3 de julho

Harmonize-se, encontre seu próprio tom
e faça-o vibrar alto e claro, porque você é
parte desta grande orquestra da vida. Você
tem o seu papel específico a atuar; não tente
pegar o papel de outra pessoa. Procure e
encontre o seu e dedique-se a ele. Quando
você o tiver aprendido, a vida correrá muito
bem para você. As almas que tentarem tocar
as notas que pertencem a outras almas se
sentirão em desarmonia com o todo. Nunca
tente ser ou agir como outra pessoa. Eu não
quero que vocês sejam todos idênticos, como
ervilhas num tacho. Eu necessito de vocês
diferentes uns dos outros, cada um com seus
dons e qualidades individuais. Uma orquestra
composta de um só tipo de instrumento
seria muito monótona. Quanto maior a
quantidade de instrumentos mesclados numa
perfeita harmonia, mais rico e maravilhoso
será o som emitido pela orquestra.

4 de julho

"Bem aventurados os famintos e sequiosos por uma causa justa, porque eles serão saciados." Quando seu desejo for suficientemente forte, ele será realizado, porque você procurará a resposta incansavelmente até encontrá-la. Você terá a determinação, a paciência, a perseverança e a persistência de revirar todas as pedras até encontrar o que procura neste caminho espiritual: a realização de sua unidade coMigo. Não desanime, nem pense que está perseguindo um sonho impossível, mas saiba simplesmente que você encontrará o que procura se não desistir ou fraquejar no caminho. É importante superar cada obstáculo para atingir sua meta, portanto, esteja determinado a enfrentá-los, e em momento algum pense que eles são intransponíveis. Seja forte e corajoso; siga em frente que você certamente chegará lá.

5 de julho

Seus pensamentos em relação à abundância vão determinar se suas necessidades serão supridas ou não. Quando você pensa pobreza e necessidade, quando você permite que medo, preocupações, inferioridade, avareza, egoísmo e ansiedade penetrem em sua consciência, quando você se entrega a estes estados negativos, você atrai o pior para si mesmo. Se você pensar como um mendigo, você será um mendigo, porque estará se privando de todas as boas coisas da vida que lhe pertencem se você reajustar seus pensamentos e atitudes em relação a elas. Comece já a pensar prosperidade. Visualize todas as suas necessidades sendo supridas maravilhosamente. Recuse-se a aceitar qualquer carência, porque, se existe uma carência, ela está na sua própria consciência. Por que interromper o fluir dos Meus abundantes e ilimitados estoques com sua consciência limitada e restritiva? Quando você começar a entender e aceitar de onde vem tudo, e quando você puder agradecer livre e alegremente a Mim, o doador de todos os maravilhosos e perfeitos presentes, nada lhe faltará.

6 de julho

Coloque sua fé absoluta e sua confiança em
Mim e saiba que Eu jamais o abandonarei ou
o renegarei. Nada do que você se propõe
a fazer é impossível, porque coMigo tudo
lhe é possível. Viva pela fé. Eu quero que
você receba sempre o melhor de todas
as situações, por mais estranhas que elas
possam parecer. Esteja disposto a ter a sua
fé e a sua confiança testadas vezes e vezes
seguidas, pois qual é a vantagem de se falar
em ter fé e confiança se não for provado
que elas funcionam para você? Você está
disposto a caminhar com fé absoluta e
realizar o impossível, não por bravata, mas
por saber com toda a certeza de onde vem a
sua força? Não fale na sua fé antes de testá-
la para ver se ela é inabalável. Tire sua força
e sua habilidade de Mim, pois quando
EU ESTOU com você, quem ousará ser contra?

7 de julho

Você não pode dizer que Me ama e ao mesmo tempo odiar os seus semelhantes, porque amor e ódio são como óleo e água: não se misturam. Se você realmente Me amar, você amará seus semelhantes, e eles o amarão. Vocês terão compaixão e compreensão mútua. E quando vocês se amarem uns aos outros, vocês Me amarão. O amor pelos seus semelhantes e o amor por Mim estão tão entrelaçados que não podem ser separados. É grande o amor que você sente pelos seus semelhantes? Você está disposto a se esquecer de si mesmo por outra alma? O amor não precisa ser expresso em palavras, tem que ser visto e sentido em ações; tem que irradiar de você. O amor é a linguagem do silêncio. Pode ser entendido e aceito sem que uma palavra seja dita. É uma linguagem internacional compreendida pelo coração e não pela mente. Não importa a sua nacionalidade, você sempre conseguirá expressar e comunicar seu amor em completo silêncio. Seus olhos, seu coração, sua atitude, todo o seu ser podem expressar o que você está sentindo em relação à outra alma.

8 de julho

Comece direito o seu dia sentindo-se um coMigo, assim nada que aconteça no decorrer deste dia poderá abalá-lo. Quando você começa a viver esta vida espiritual, você tem que fazer um esforço consciente para se harmonizar, mas à medida que o tempo passa, isto se torna parte de você e não é mais necessário fazer qualquer esforço; será a sua maneira de viver. Você encontrará enorme alegria e liberdade. Não é preciso passar metade do seu tempo rogando e pedindo perdão, com medo de fazer algo errado, preocupado de ter se desviado do caminho e estar indo contra a corrente. Quando você errar, aceite o perdão imediatamente e sinta-se determinado a não repetir o mesmo erro. Siga em frente até que esta maneira de viver deixe de ser um esforço e torne-se uma grande alegria, e você então saberá o que é ser um coMigo e viver em perfeita paz.

9 de julho

Para entrar no ritmo de vida, primeiro você tem que aprender a arte de se aquietar, porque quanto mais quieto você ficar, mais claramente você poderá refletir as qualidades de sua alma. Como é fácil culpar o seu ambiente, a sua situação ou as suas condições pelo estado em que você se encontra! Está mais do que na hora de parar de agir assim e entender que a culpa é somente sua. Quando você procurar e achar a paz e a quietude interiores, nada nem ninguém conseguirá perturbá-lo ou tirá-lo do eixo. Olhe à sua volta, olhe para a beleza e a perfeição da natureza. Tudo na natureza está no mesmo ritmo. Existe uma perfeita lei e ordem em Meu universo. Nada está fora de tom; existe um momento certo e uma razão para tudo. E o Meu universo está ao alcance de todas as almas, basta se harmonizarem com ele. Portanto, flua com ele, seja parte da lei e da ordem do Meu universo.

10 de julho

Como é vitalmente importante que seja certa
e positiva a sua atitude em relação a este
dia e a tudo que ele pode lhe trazer! Sua
maneira de encarar este dia pode torná-lo
bom ou mau; suas reações aos fatos que
forem acontecendo podem fazer toda a
diferença. Se as suas reações são negativas,
agressivas, você está levantando barreiras e
criando oposição, criticando e culpando todo
mundo. Agindo assim você não consegue
perceber que o culpado, na verdade, é você
mesmo, e sai por aí desafiando a todos.
Quando as suas reações são positivas e
construtivas, todas as barreiras caem e você
recebe ajuda e cooperação de todos que o
rodeiam. Se você cometer um erro, admita,
peça desculpas, siga em frente. Não perca
tempo precioso tentando se justificar e
provando que está certo. Você tem muitas
lições a aprender. Aprenda-as rapidamente e
tente nunca cometer duas vezes o mesmo erro.

11 de julho

O que significa a vida para você? Você a aproveita plenamente? Você espera somente o melhor dela? Você aceita que a vida é infinita, que não tem começo nem fim? Este conhecimento o entusiasma e anima, ou o horroriza e deprime? A sua atitude em relação à vida neste momento é muito importante, porque muitos prodígios estão acontecendo e é necessário que você caminhe com os acontecimentos e não em direção contrária. Este é um momento de desdobramento e não de luta e resistência. Portanto, aquiete-se, admire prodígio após prodígio acontecer em total perfeição e dê graças eternas. Agradeça por estar vivo e por fazer parte do que está acontecendo. Agradeça pelas rápidas mudanças e mude com elas. Tudo é pelo melhor; não tenha medo de se alegrar, mas siga em frente alegremente. Sinta-se parte de todo um processo de mudanças, de unidade e de novidade.

12 de julho

Você está totalmente rodeado de beleza.
Abra seus olhos, admire-a e dê graças
constantemente. Permita que a beleza o
transforme e o inspire para o seu mais alto e
melhor grau. A beleza faz emergir o que há
de melhor em você e o une com o mais alto.
A beleza que existe em seu interior não pode
ser contida, portanto, deixe que ela irradie.
Preencha seu coração e sua mente com
lindos pensamentos e Me reflita, porque EU
SOU a beleza. Procure pela beleza em tudo,
porque só procurando cuidadosamente é que
você a encontrará. Eleve-se acima das coisas
sórdidas e feias da vida, porque assim você
poderá ajudar a transformá-las e transmutá-
las. A beleza está nos olhos de quem olha,
está bem dentro de você. Siga por este dia
determinado a enxergar a beleza em tudo
e em todos, e assim será. Amor e beleza
caminham de mãos dadas, portanto, permita
que o Meu amor universal flua livremente
em você e através de você, gerando
unidade e união.

13 de julho

Almas demais desperdiçam tempo e energia pondo a culpa dos erros do mundo em todas as outras pessoas, em vez de reconhecerem que podem fazer alguma coisa de útil pelo todo se começarem pondo ordem dentro de si mesmas. Ponha ordem em sua casa. Quando uma pedra é lançada no meio de um lago, ondinhas se espalham para as margens, mas tudo começa com aquela pedra, tudo começa daquele centro. Comece em si mesmo; você pode irradiar paz, amor, harmonia e compreensão para todos que estão à sua volta. Ponha-se em ação. Se você deseja ver um mundo melhor, faça algo a respeito e não fique apontando o dedo para as outras pessoas: recolha-se e questione o seu coração, endireitando seus erros e encontrando a resposta dentro de si mesmo. Só então você será capaz de seguir em frente com autoridade e de dar uma real ajuda para o seu próximo e para todas as almas com as quais você entrar em contato. As mudanças começam no indivíduo e depois se espalham para a comunidade, para a cidade, para a nação e para o mundo.

14 de julho

Tudo tem que crescer e se expandir. Você
não gostaria de permanecer criança a vida
toda, precisando ser alimentado e vestido,
não podendo fazer nada sozinho.
Observando uma criança, nota-se como ela
tem vontade de mudar e de experimentar
tudo que é novo. Durante todo o tempo a
criança está experimentando e aprendendo,
crescendo e se expandindo. Este é o
processo natural de crescimento, de
expansão. Uma criança não precisa se
esforçar para crescer; acontece naturalmente.
Assim é também com o surgimento da Nova
Era, que já está aqui em seu meio. Não é
preciso se esforçar nem lutar para fazer parte
dela; não é preciso temer o desconhecido;
não é preciso se preocupar com a rapidez das
mudanças e da expansão à sua volta. Olhe
à frente com verdadeira alegria e ansiedade
pelo que virá. Nada é grande demais, nada
é maravilhoso demais, nada é impossível.
Veja os Meus prodígios se desdobrarem com
verdadeira perfeição e dê graças eternas.

15 de julho

Você poderá ajudar a trazer o Meu céu para a terra quando perceber que EU ESTOU guiando e lhe mostrando o caminho. Você encontrará todas as instruções dentro de si mesmo, portanto nada será capaz de desviá-lo do caminho ou fazê-lo tomar o caminho mais comprido. Procure dentro de você, siga as suas intuições e veja os prodígios acontecerem. Não haverá nem um momento tedioso se Eu estiver guiando e dirigindo. Procure sempre por Mim e você sempre Me encontrará. Não é preciso procurar muito longe; EU ESTOU em você, mas é preciso que você esteja consciente da Minha presença. Vivendo em Mim, você estará criando o novo céu e a nova terra. Não existe esforço na criação. Eu disse: "Faça-se a luz", e a luz se fez. Eu disse: "Veja o Meu novo céu e a Minha nova terra". Portanto, faça isso e dê graças eternas, aproveitando essa oportunidade com perfeito amor, paz e harmonia.

16 de julho

Muitas almas procuram uma resposta para
todo o caos e confusão atuais do mundo.
Dia a dia a situação piora, mas nada tema,
pois ela tem que piorar ainda mais antes de
começar a melhorar. Um furúnculo tem que
inchar e ficar purulento antes de estourar
e liberar o veneno, para depois sarar. As
tristezas do mundo terão que inchar antes
de conseguirem liberar toda a raiva, avareza,
inveja e egoísmo, e só então poderão se
curar. Eu preciso de você em completa
paz interior e você encontrará esta paz se
mantiver sua mente em Mim e for capaz de
elevar sua consciência, enxergando somente
o melhor. Se você se deixar envolver pela
situação do mundo você não será capaz de
ajudar a melhorá-la. Você tem que ser imune
a uma doença ou irá contraí-la e, então, não
poderá ser de qualquer ajuda. E Eu preciso
da sua ajuda. Eu preciso de você livre e em
perfeita paz. Só então Eu poderei usá-lo.

17 de julho

Certifique-se de que tudo aquilo que você faz
é dedicado a Mim e em benefício do todo.
Vivendo para o todo, o ego é esquecido
em prol do serviço aos seus semelhantes,
e quando você os está servindo, você
está servindo a Mim. Tudo isso está tão
entrelaçado que nada pode ser separado:
Eu em você e você em Mim. EU ESTOU
em tudo e em todos; portanto, EU ESTOU
no seu vizinho, no seu amigo e no seu
inimigo, indiferentemente. Onde quer que
EU ESTEJA existe amor, porque EU SOU
o amor. Preencha seu coração e sua mente
com amor, porque tudo e todos reagem ao
amor, pois o amor faz emergir o que há de
melhor em cada ser. Onde está o amor, Meu
espírito está, e onde está o Meu espírito,
está a fonte de sua vida espiritual. Procure
sempre por aquilo que está dentro de
você e não perca mais tempo procurando
à sua volta.

18 de julho

Você precisa aprender a se sustentar sobre
as suas próprias pernas e a encontrar seu
próprio caminho individual para poder
funcionar no plano geral. Abasteça-se
somente em Mim, a fonte de toda a vida e de
toda a criação, e você não se enganará. Não
hesite se a caminhada se tornar difícil, mas
simplesmente siga em frente com a certeza
que você está atravessando apenas um trecho
mais puxado. E quanto mais depressa você
atravessá-lo melhor, e faça-o sem resistências
ou ressentimentos, aprendendo as
importantes e necessárias lições que surgirem
a cada passo. Você precisa aprender a
não desistir facilmente, a ser paciente e
persistente. Mantenha a visão à sua frente.
Saiba para onde está se dirigindo e qual a
meta a ser atingida; não desista e chegue
ao final da jornada a que você se propôs.
Você não pode ser fraco nesta vida, pois ela
exige força e sabedoria interiores inabaláveis.
Deposite sua força e sua segurança em Mim.

19 de julho

Não fique só falando sobre o novo céu e a
nova terra; depende de você trazê-los para
a sua vida e torná-los realidade. Não fale
sobre o amor e sobre amar; viva-os para
que todos à sua volta possam entender
seu significado. Palavras sem ações são
inúteis e sem sentido; são como o vapor que
desaparece no ar. Você tem que trazer o
Meu reino para a terra através da maneira
como você vive e se comporta, usando sua
vida como um exemplo, um alegre exemplo
que todos vão querer seguir. Ninguém quer
atravessar a vida sobrecarregado, carente
de alegria e espontaneidade. Abençoada é
a pessoa que leva alegria àquelas almas que
estão sobrecarregadas e com a chama da vida
enfraquecida. Deposite o seu fardo sobre
Mim e leve alegria e liberdade a todas as
almas com as quais você entrar em contato.
Seja alegria e inspiração e seja um reflexo
de Mim em tudo o que você fizer, disser ou
pensar. Sinta-se em perfeita paz fazendo
a Minha vontade, caminhando pelos Meus
caminhos e Me glorificando.

20 de julho

Espere somente pelo melhor, e espere que todas as suas necessidades sejam supridas, mesmo as aparentemente impossíveis. Em nenhum momento você deve se impor limites ou pensar que não deve esperar demais. Veja as suas necessidades claramente, verbalize-as e tenha absoluta fé e confiança que elas serão supridas. Mas deixe em Minhas mãos a maneira como isso acontecerá. Eu tenho que trabalhar através de certos canais para realizá-las, mas tudo é possível para Mim. Portanto, solte-se e observe meus prodígios e glórias acontecerem, dê graças eternas e utilize-se de tudo que receber para o bem do todo. Você não está vivendo pelas leis dos homens, mas pelas leis divinas e, por isso, tudo pode acontecer a qualquer momento. Espere por milagres e veja-os acontecer. Mantenha sempre à sua frente pensamentos de prosperidade e abundância e saiba que, agindo assim, você está pondo em movimento forças que farão com que esses atributos aconteçam. Quanto mais positivo você for, mais depressa eles se realizarão.

21 de julho

Por que procurar ajuda através de outra
pessoa? Por que não vir diretamente a Mim?
Você não sabe que EU ESTOU dentro de
você? Você não sabe que EU ESTOU aqui
para responder a todas as perguntas, para
ajudar a resolver todos os problemas e para
guiar e dirigir cada um de seus passos se
você Me permitir? Eu nunca Me imponho
a ninguém. É você que deve se decidir a
Me procurar e Me achar, e quando você Me
achar, EU ESTAREI pronto para assumir
o comando, pronto para derramar amor
em você e através de você, pronto para
lhe mostrar o caminho. Uma vez que você
tenha decidido Me entregar o leme, você
pode relaxar e simplesmente seguir Minhas
instruções passo a passo. Você verá, então,
Meus prodígios e Minhas glórias acontecerem
e presenciará milagre após milagre em
sua vida. Você saberá que quando algo é
certo e tem as Minhas bênçãos, nada nem
ninguém pode bloquear o caminho, pois tudo
acontecerá perfeitamente no momento certo.

22 de julho

Tudo que Eu tenho é seu. Pense na maravilha destas palavras e deixe que sua consciência se expanda até poder aceitá-las e entender seu real significado. Faça com que estas palavras se tornem realidade em sua vida e nunca mais aceite qualquer tipo de limitações, porque todas as Minhas promessas serão cumpridas; elas não são promessas vãs. Simplesmente mantenha a sua fé sem hesitações. As almas que Me servem e colocam toda a sua fé e confiança em Mim, tudo receberão. Veja prodígio após prodígio acontecendo. Perceba as maravilhas das pequenas coisas assim como as das grandes. Abra seus olhos e não perca nada do que se passa; abra seu coração e mantenha o amor fluindo. Amor atrai amor. Cada alma anseia por ser amada, portanto, por que não lhe doar amor? Na medida que você doar, você também receberá. Mas aprenda a doar despojadamente, sem cobranças, e aproveite a vida plenamente.

23 de julho

Acorde e viva! Viva a vida plena e gloriosa que lhe pertence por direito de herança. Nada tema. Você tem dentro de si toda a sabedoria, todo o poder, toda a força e toda a compreensão. Elimine as ervas daninhas da dúvida, do medo e da incerteza, para que elas não sufoquem o lindo jardim que existe em seu interior e seja permitido somente ao que existe de melhor crescer em total liberdade e perfeição. Libere o que existe em seu interior para que se reflita no exterior; você não pode esconder o que traz dentro de si, por mais que se esforce. Se existe caos e confusão dentro de você, é isso que será refletido para o mundo através da sua aparência, da maneira como se comporta, das suas ações e das coisas com as quais você se rodeia. Quando seus pensamentos são elevados, beleza e perfeição são refletidos para fora de você. Você é como um espelho polido: nada permanece oculto.

24 de julho

Siga pela vida com um enorme sentimento
de paz e você ficará espantado com tudo
que pode realizar. Você pode fazer muito
mais na quietude e na confiança do que com
a mente num estado conturbado. Se você
se sente incapaz de se concentrar no que
está fazendo é porque não está colocando
todo o seu coração na tarefa e, portanto,
não está usando sua habilidade da melhor
maneira possível. Você então percebe como
é importante adotar uma atitude certa para
poder aproveitar plenamente a vida? Eu
quero que você aproveite a vida e só receba
dela o melhor possível. Você perceberá
que, quando você sabe em que direção está
indo e o que você está fazendo, você não
perde tempo com indecisões e pode seguir
em frente e agir. Recolha-se e pergunte
diretamente a Mim o que é requerido de
você. Isso só pode ser feito na paz e na
quietude, portanto, encontre um tempo
só para você. Esta é uma chave muito
importante.

25 de julho

Agora é tempo de construir e criar, de
unidade e harmonia, de paz e amor,
de plenitude e união. Mantenha estes
pensamentos positivos, construtivos,
criativos, sempre em sua mente; não os
deixe escapar. Veja-os adquirirem vida e
se integrarem a você e veja a visão do novo
céu e da nova terra adquirirem forma e
substância. Deixe que tudo se desdobre à sua
frente. À medida que você se harmoniza com
a ideia da Nova Era e seu real significado,
essa ideia irá se desdobrar à sua frente e você
perceberá que faz parte dela como ela faz
parte de você. É um processo incrível, como
um gigante adormecido que ninguém poderá
deter quando acordar e começar a se mover.
Mas a Nova Era não é algo contra a qual se
deva lutar; não é mais necessário resistir.
Simplesmente aprenda a esperar por Mim e
deixe Meu perfeito plano se desdobrar.

26 de julho

EU ESTOU em você. EU ESTOU igualmente em todas as almas; é só uma questão de conscientização. Algumas almas são mais conscientes do que outras da sua divindade interior, e conseguem se alimentar desta fonte e viver por ela; assim, parecem estar vivendo e demonstrando algo de sobrenatural. Mas não há nada de sobrenatural; elas estão somente vivendo de acordo com as Minhas leis e usando corretamente seus poderes interiores. O ar existe para ser respirado, mas é você que decide aspirá-lo. A eletricidade existe para ser usada, mas tem que ser dominada para que se possa ligar o botão e usá-la. Se a eletricidade não for ligada, não poderá demonstrar o poder que está esperando para ser liberado. O mesmo acontece com o poder espiritual contido em você: ele existe para que você possa usá-lo, mas depende de você apertar o botão para liberá-lo.

27 de julho

Se você se recusar a aprender uma lição de uma maneira, ela lhe será reapresentada de outra maneira. Existe sempre uma maneira fácil, mas se você se recusar a aceitá-la, ela lhe será reapresentada de uma maneira mais difícil e complicada. Por que não aprender logo do jeito mais fácil? Por que não ser como uma criancinha, ansiosa por aprender e receptiva a tudo que está acontecendo em sua vida? Por que não se desdobrar naturalmente com tudo que está acontecendo à sua volta? Este é o Meu plano para você, por que torná-lo desnecessariamente difícil? Agindo assim você só consegue atrasar o progresso. Quando você aprender a Me colocar sempre em primeiro lugar você perceberá que tudo se encaixa perfeitamente. Quando você conseguir elevar a sua consciência e mantê-la num nível espiritual, grandes mudanças ocorrerão e a vida se desenrolará para você sem qualquer esforço. A vida é muito simples. Por que complicá-la?

28 de julho

Reze sem cessar. Faça de sua vida uma
constante oração de amor e agradecimento.
A vida é muito, muito boa, mas lembre-se
sempre que a vida é o que você faz dela.
Portanto, se você é negativo, você atrai
negatividade e uma nuvem negra cobre a sua
vida e o separa do bem superior. Se você
é constantemente positivo, se você enxerga
o bem em tudo e em todos, o céu se torna
azul e o sol brilha para você e em você.
Preencha sua vida com amor, fé, esperança
e realização. Aprenda a amar a vida,
transformando-a numa incessante prece. A
oração é a sua comunhão interna coMigo, e
através dela nós caminhamos e conversamos
juntos, como fazíamos no começo. A oração
é o alimento do Espírito, o alimento da alma.
É uma necessidade interior muito forte
para todas as almas. Sinta essa necessidade
e dê-lhe uma resposta.

29 de julho

Quando Eu lhe digo que Meu glorioso plano vai se desenrolar passo a passo, pode ser que você o visualize acontecendo vagarosamente. Meu bem amado, nada mais vai acontecer devagar. Tudo está se acelerando. No entanto, será um desenrolar, porque tudo acontecerá na hora certa. Deixe que os acontecimentos se sucedam sem tentar brecá-los, com medo de sua rapidez. O meu ritmo é perfeito. Por que não aceitá-lo? Não resista e encontre perfeita liberdade e harmonia à medida que o plano for se desenrolando. É verdadeiramente um plano maravilhoso e você é parte dele. Você tem seu papel específico nele e é por isso que é importante que você descubra qual é o seu papel e o cumpra já. Não deixe passar nem mais um dia sem descobrir qual é a sua tarefa. Recolha-se e, na quietude e no silêncio, ela lhe será revelada.

30 de julho

Agradeça constantemente por tudo. Você deve ser grato por muitas coisas: abra os olhos, olhe à sua volta e perceba como você é abençoado. Ao fazer isto você se sentirá preenchido por um enorme sentimento de amor e gratidão e sua vida terá um novo significado. As pessoas que o rodeiam significarão mais para você porque seu coração estará transbordante de amor para elas e você terá maior compreensão e tolerância em relação a elas. Você será grato por essas pessoas, por seu amor e companheirismo, e simplesmente por elas serem quem são. Seus olhos estarão abertos para admirar toda beleza e harmonia à sua volta, todas as maravilhas da natureza. E você enxergará com olhos que realmente veem; e ouvirá com ouvidos que realmente escutam; e falará com palavras de amor e compreensão. A vida será boa para você, porque você apreciará tudo que receber e perceberá a Minha mão em tudo.

31 de julho

Seus pensamentos positivos, criativos e amorosos têm um imenso poder, muito maior do que você imagina, porque pensamentos são poder. Por isso, elimine os pensamentos negativos. Olhe sempre o lado luminoso da vida porque, quanto mais alegria e amor você irradiar, mais alegria e amor você atrairá para si próprio. Ame todas as almas que o rodeiam, porque todas reagem ao amor no final. Crianças e animais reagem imediatamente porque não têm barreiras a derrubar. Eles sentem que o amor flui instintivamente porque não têm suspeitas de maus motivos ou intenções, mas simplesmente aceitam e respondem ao amor e o devolvem alegremente; no entanto os adultos são desconfiados e sempre imaginam que deve haver um motivo escuso por trás de tudo. Não permita que suspeitas infundadas fechem seu coração em relação a alguém. Quando os motivos forem puros e genuínos permita que o amor flua com toda força até que as barreiras tenham sido derrubadas. O amor é a chave para a vida. Guarde essa chave dentro de você.

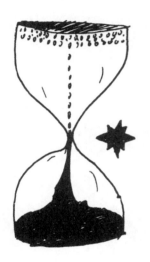

AGOSTO

Eu vi um campo de milho pronto para a colheita. Eu ouvi as palavras:

Há uma hora certa e uma estação certa para tudo. Não deixe para amanhã o que você sabe que deve fazer agora, mas flua com o ritmo da vida e sinta-se em perfeita paz.

1º de agosto

Sintonize-se coMigo em meio à paz e à quietude. Você não pode querer ouvir a Minha pequena voz se você está em turbilhão interiormente e ocupado demais para se aquietar e Me escutar. Somente quando você aprender a ficar quieto é que você vai conseguir Me escutar, não importa o que você esteja fazendo ou onde você esteja. Você será capaz de se envolver numa capa de paz e quietude e encontrar aquele centro interior inabalável de paz. E você Me encontrará no seu próprio interior. Você encontrará a realização de sua unidade coMigo, a fonte de toda criação. Neste estado de paz e unidade você terá total comando das situações e saberá exatamente o que fazer e como fazer. Todo indivíduo tem capacidade para agir assim, não é privilégio de uns poucos. Por que não se aquietar agora e sentir a perfeita paz?

2 de agosto

Aprenda a agir espontaneamente, por intuição, e faça o que o seu coração lhe ordena, não somente o que sua mente lhe diz que é razoável e sensato. Alguns atos de puro amor podem parecer irracionais, até bobos, aos olhos de outras pessoas, mas não importa. Quando você escutar o comando para agir, aja, e não pare para pesar as consequências ou imaginar o porquê daquilo. Um pequeno ato de amor pode ter um efeito de longo alcance, ou os resultados podem não ser aparentes. Não perca tempo procurando pelos resultados; simplesmente faça o que deve ser feito e deixe o resto para Mim. Às vezes leva muito tempo para uma semente germinar num coração duro e frio, mas, uma vez plantada, ela vai ter que desabrochar mais cedo ou mais tarde. Tudo que você precisa fazer é cumprir a sua tarefa com fé e ter a certeza que tudo caminha muito, muito bem.

3 de agosto

Quando uma porta se fecha, outra se abre. Espere que a nova porta lhe revele prodígios, glórias e surpresas ainda maiores. Sempre espere o melhor de cada situação e veja apenas o melhor advir delas. Não se deixe deprimir quando vir uma porta lhe ser fechada. Saiba simplesmente que todas as coisas funcionam em uníssono para o bem das almas que realmente Me amam e Me colocam sempre em primeiro lugar. Sinta-se crescer e expandir depois de passar por cada experiência e tente entender a razão de cada uma. Aprenda com as experiências e esteja determinado a nunca repetir um erro, se é que você o cometeu, porque os resultados podem ser muito positivos se você não se deixar abater por ele. Toda a sua atitude em relação à vida é muito importante; entenda que a vida é o que você faz dela. Transforme a sua vida numa vida maravilhosa, alegre e excitante, na qual qualquer coisa pode acontecer a qualquer momento porque você está cumprindo a Minha vontade.

4 de agosto

Por que não começar cada dia sintonizando-se com o que há de mais elevado dentro de si mesmo? Leve com você essa sintonia pelo seu dia afora. Deixe que a paz e o amor fluam livremente em você e através de você para todos aqueles que o rodeiam. Enxergue a Minha unidade e perfeição em todos os seus semelhantes. Quando você tiver prazer em viver assim, todas as imperfeições nos seus próximos serão eliminadas e você os enxergará sob a luz da perfeição, porque você estará vendo através dos Meus olhos e Eu só vejo o que existe de perfeito em tudo e em todos. Reflita-Me, seja um coMigo. Deixe sua consciência ser de unidade e união. Saiba que EU ESTOU trabalhando em você e através de você e que cada um de seus pensamentos ou ações é guiado e dirigido por Mim. Quando a harmonia, a beleza, a lei e a ordem entram em sua vida, o caos e a confusão fogem pela janela. Enquanto você se mantiver neste elevado estado de consciência, tudo correrá muito, muito bem.

5 de agosto

Mantenha seus padrões elevados; quanto mais elevados, melhor. Não seja descuidado ou desleixado no que você faz. Perfeição deve ser a sua meta. Pode parecer impossível de atingir, mas não deixe de tentar alcançá-la, continue se esforçando. Não se satisfaça com o medíocre, com o que é feito sem vontade. Faça tudo que precisa ser feito em Minha honra e glória, pois quando o seu objetivo é fazer tudo por Mim, ele só poderá ser dos mais elevados e você não se sentirá satisfeito a não ser dando o melhor de si mesmo. Aprenda a esquecer-se de seu ego através do serviço ao próximo. Você encontrará a verdadeira alegria ao doar, em qualquer nível. Lembre-se sempre que existem diferentes níveis em que você pode doar, desde os mais altos até os mais baixos, dos níveis espirituais aos físicos. Qualquer que seja o nível, doe e doe despojadamente, e você descobrirá que, na medida que você doa, você recebe.

6 de agosto

Aquiete-se e sinta-se receptivo à vida.
Quanto mais quieto você puder ficar, mais
receptivo você será, pois é na quietude que
você consegue ouvir a Minha pequena voz.
É na quietude que você pode perceber os
Meus prodígios à sua volta. Você se torna
sensível às coisas que realmente importam
na vida e, neste estado de sensibilidade,
portas podem ser bem abertas e qualquer
coisa pode acontecer. Você deve procurar
e encontrar momentos de paz e quietude;
não importa se você é muito ocupado,
esses momentos não precisam ser longos.
Alguns minutos em comunhão coMigo
operam milagres no seu dia a dia. Em vez
de mergulhar apressadamente num projeto
ou começar a fazer algo só porque precisa
ser feito, adote uma atitude de bênção,
admiração e agradecimento. Com a atitude
certa, somente o melhor resultará do seu
empreendimento e ele trará bênçãos para
todas as almas ligadas ao projeto.

7 de agosto

Caminhe na luz e não tenha medo de deixar a luz da verdade brilhar sobre você. Quando você nada tem a esconder, nada tem de que se envergonhar, você é livre como uma criança para expressar a sua alegria sem inibições. Sua alegria é borbulhante e contagiante e se irradia para todos que entram em contato com você. A alegria não pode ser ocultada ou contida; ela se revela de mil e uma maneiras: através de um olhar, uma palavra, uma expressão. A alegria atrai pessoas, pois todos reagem positivamente a almas alegres e felizes e têm prazer em sua companhia. A alegria atrai almas como um ímã, enquanto que tristeza e negatividade as repelem. Quando você sabe que está fazendo a coisa certa no lugar certo, você irradia alegria e liberdade. Tudo flui suavemente para você e tudo se encaixa bem em sua vida. Você atrai somente o melhor para si mesmo sem esforço, porque o bem atrai o bem.

8 de agosto

Aprendendo a fazer a Minha vontade e andar nos Meus caminhos, você começará a entender o significado de paz e harmonia interiores. Seu coração transbordará de amor, sua compreensão se expandirá e você se tornará mais tolerante e aberto, e você verá claramente que existem muitos caminhos que levam a Mim. Você aprenderá a viver e deixar viver, e não sentirá que o seu caminho é o único. Você não será mais dogmático, mas continuará a fazer o que sente que é bom para si mesmo muito calma e segurança. Você não mais tentará modificar as outras almas, mas viverá de uma maneira tal que elas vão querer saber o que é que você tem que elas não têm. Nunca se esqueça, o exemplo é um professor muito eficaz. Se você vive silenciosamente cumprindo a Minha vontade, seu exemplo terá muito mais efeito na humanidade do que se você sair por aí gritando lindas palavras mas não vivendo da maneira que você prega.

9 de agosto

Seja sempre otimista em relação a tudo e
a todos, elimine a tristeza e a negatividade.
Você está rodeado de pessoas maravilhosas
e boas coisas, e experiências acontecem em
sua vida. Concentre-se nelas e agradeça por
elas, livrando-se de tudo que é desagradável,
triste e difícil. É a de agosto sua atitude e
seu enfoque das coisas que atraem o melhor
ou o pior para você. Portanto, se você está
culpando as circunstâncias, a vida ou outras
pessoas pelas suas desgraças, recolha-se e
perceba como você pode mudar sua atitude.
Mudando, você pouco a pouco sentirá
mudanças à sua volta também e perceberá
como você é abençoado e como a vida é
maravilhosa. Que alegria e privilégio é estar
vivo, estar onde você está, fazendo o que
você está fazendo, rodeado de tantas coisas e
pessoas maravilhosas! Comece já a procurar
por elas. Elas estão bem próximas de você,
não será preciso ir longe para encontrá-las.

10 de agosto

Você quer fazer algo para ajudar a situação do mundo? Então examine-se, pois tudo começa com o indivíduo. Mudando sua consciência para amor, paz, harmonia e unidade, a consciência do mundo todo também mudará. Nem sempre é agradável no começo. Você encontrará manchas escuras que precisarão ser esclarecidas em seu interior. Você descobrirá que seus motivos nem sempre são os mais elevados e que seus afetos e desafetos são mais pronunciados do que você imaginava. Você descobrirá também que você é inclinado a discriminar onde não deveria haver discriminação, porque todos são um para Mim. O amor que você sente pelos seus semelhantes não é o que deveria ser. Ponha as cartas na mesa e decida-se a começar já a fazer algo a respeito. Não existe momento melhor. EU ESTOU aqui para ajudá-lo. Chame por Mim e deixe que Eu guie cada um de seus passos.

11 de agosto

Você está em harmonia com a vida? Você se sente um com as almas à sua volta e em paz? Você é parte do caos e da confusão do mundo atual ou sua vida é parte da resposta aos problemas mundiais? Não se pode ficar em cima do muro num momento como este. Ou você trabalha pela luz ou não; a escolha está em suas mãos. Você tem que se decidir se é a Meu favor ou contra Mim. Sua fé e sua crença não podem ser mornas ou hesitantes; devem ser totais ou de nada adiantam. Eu preciso de você inflamado de amor por Mim, completamente dedicado a Mim e ao Meu trabalho, disposto a cumprir a Minha vontade sem se importar com o custo. Eu exijo tudo e somente quando a sua entrega for total você receberá tudo que Eu tenho para lhe dar. Nada lhe será recusado e você saberá que tudo que Eu tenho é seu.

12 de agosto

Você não pode ser produtivo se está pressionado e estressado. Tire uns momentos para ficar a sós e faça algo simples, algo que lhe agrada, mas que seja algo que você mesmo tenha escolhido, não algo sugerido por outra pessoa. Agindo assim você verá que é capaz de enxergar as coisas por um nível diferente de consciência. O peso será levantado e você conseguirá produzir muito mais. E não tente olhar muito longe no futuro, pois isso pode causar ansiedade e desesperança. Você só pode dar um passo por vez, portanto, dê o primeiro passo e os outros se seguirão naturalmente. Deixe que a vida corra sem tentar manipulá-la. Não se perturbe nem se impaciente se as coisas não correrem exatamente como você esperava. Em vez disso, procure e entenda o plano e as razões que norteiam os acontecimentos, e perceba que tudo sairá muito, muito bem.

13 de agosto

Aprenda a pensar e a sentir pelos outros, a fazer por eles o que você gostaria que eles fizessem por você. Aprenda a compreendê-los e penetre em suas vidas e seus corações, derramando amor e compreensão sobre eles, assim eliminando toda crítica, julgamento e condenação. Perceba que o amor transforma e transmuta toda amargura e todo ódio, enquanto que a compreensão abre os corações fechados, frios e apáticos. Pratique estas palavras: "Não resista ao mal, mas supere o mal com o bem". É mais fácil falar do que fazer, mas até que tenha sido praticado e vivido, não haverá paz e boa vontade para o mundo. Estas palavras têm sido ouvidas, lidas e pregadas através dos séculos, mas não têm sido vividas; e é por isso que existem guerras, destruição, maldade e ódio no mundo. E essa situação vai continuar até que a humanidade tenha aprendido a viver a vida, não apenas a falar sobre ela, e tenha aprendido a viver e a fazer vibrar estas maravilhosas palavras no seu dia a dia.

14 de agosto

É contribuindo com suas habilidades e talentos para o bem do todo que o quebra-cabeça da vida será montado, formando um todo perfeito. Quais são os seus talentos específicos? Pare de ocultá-los e compartilhe-os, porque eles são todos necessários. Você pode achar que tem muitas qualidades, ou pode achar que tem pouco ou nada para doar. Não é bem assim. Você tem um dom único e específico que ninguém mais pode doar, e esse único dom é necessário. Cabe a você descobri-lo e entregá-lo. É preciso todo tipo de atributos para formar o todo. Cada minúscula mola, rodinha ou engrenagem é necessária para fazer o relógio funcionar. Cada órgão do corpo, cada ínfima célula e cada átomo, todos são necessários para formar um corpo perfeito. Quando você conseguir se ver como parte do todo, você não vai mais querer reter aquilo que tem para doar.

15 de agosto

Se você acha difícil amar os seus semelhantes, não tente se forçar a fazê-lo, porque é impossível obrigar-se a amar alguém. Mas se você Me procurar e Me pedir ajuda, Eu plantarei a semente do amor em seu coração. Você, então, só terá que cuidar dela com carinho, dedicação, e observá-la crescer, sem esforço de sua parte. Querer se forçar a amar alguém é uma batalha vencida. Você vai descobrir que pessoas semelhantes se atraem e você se sentirá naturalmente mais atraído para umas do que para outras, e você será capaz de se fundir melhor em determinado grupo. Mas, não se preocupe. Gradualmente você vai aprender o significado do amor universal e, à medida que você crescer espiritualmente, vai entender o significado do Meu amor divino. Deixe que ele se desdobre naturalmente, sem esforço de sua parte além de uma enorme vontade interior de amar sempre mais.

16 de agosto

Sua atitude é vitalmente importante, muito mais importante do que você imagina. Portanto, se você não consegue adotar a atitude certa para fazer algo, não faça até mudar de atitude. Tenha prazer em realizar uma tarefa e entenda que, seja ela qual for, é importante para o bom andamento do todo. Não tenha medo de assumir suas responsabilidades, pois agindo assim você crescerá em sabedoria e estatura. Saiba que nunca lhe é dado um fardo mais pesado do que você consegue carregar. É importante que cada responsabilidade assumida o ajude a se expandir um pouco mais. O objetivo das responsabilidades não é sobrecarregá-lo, mas sim ajudá-lo a crescer. Não se ressinta das responsabilidades que lhe são entregues, mas seja agradecido a elas. Saiba que elas não lhe seriam dadas se Eu não soubesse que você é capaz de assumi-las. Peça Minha ajuda sempre. EU ESTOU sempre pronto a ajudá-lo e guiá-lo. Chame por Mim.

17 de agosto

Aprenda a ser flexível e adaptável. Ao mesmo tempo, trabalhe sempre ancorado num conhecimento interior para que você não seja influenciado por circunstâncias e condições exteriores, nem se torne dependente delas. Perceba que sua vida exterior e sua maneira de viver refletem a sua vida interior. Quando existe paz interior, você irradia paz para o exterior, pois quando seu coração está transbordante de amor você reflete e irradia esse amor à sua volta. Você não pode esconder o que está em seu interior, pois seu exterior reflete o que você contém. O tempo passado em paz e quietude nunca é desperdiçado. É necessário que cada alma encontre tempo para se recolher e refletir, na quietude, sobre aquilo que existe em seu interior, nas coisas realmente importantes da vida e que fazem da sua vida o que ela é: os caminhos do Espírito. Não importa se o seu dia é muito ocupado. Esses momentos de quietude são essenciais e constituem a espinha dorsal de sua vida.

18 de agosto

Não se deixe abater pela autocomiseração, ou você perderá as maravilhas desta vida. Viva toda a beleza e todos os prodígios da vida. Caminhe com os olhos sempre bem abertos e aprecie a beleza que o rodeia. Viva um dia por vez e aproveite-o plenamente. Preencha cada momento com amor e agradecimento. Quando algo desarmonioso surgir, olhe à sua volta e dê um jeito de trocar por algo harmonioso. Faça isso rapidamente porque pensamentos negativos crescem como ervas daninhas num jardim e podem sufocar as lindas e delicadas flores. Aprenda a controlar seus pensamentos para que eles sejam apenas pensamentos de beleza, harmonia e amor. Quando seus pensamentos positivos estiverem bem firmes, automaticamente você procurará enxergar o melhor em cada situação. Só então você poderá relaxar e usufruir da alegria e da liberdade do Espírito.

19 de agosto

Por que não começar agora mesmo a receber
sua inspiração e orientação espiritual de
si mesmo e não através de outra pessoa?
Você não percebe que tem dentro de si toda
a sabedoria, todo o conhecimento, toda a
compreensão? Você não precisa procurar
fora de você, mas precisa somente se
aquietar e se recolher para descobri-los. Não
há nada mais maravilhoso e compensador
que o contato direto coMigo, a fonte de toda
a criação. Mas você precisa procurar com
calma. Você tem que atingir um estágio
em que você se mantenha constantemente
consciente de Mim e da Minha divina
presença, em que você esteja disposto a
Me incorporar em sua vida e andar e falar
coMigo o tempo todo, compartilhando
tudo coMigo, suas vitórias e seus fracassos.
Quando o amor está fluindo, você é
um coMigo, e cada vez mais irá desejar
compartilhar tudo coMigo.

20 de agosto

Cada alma tem que aprender a autodisciplina e, quanto mais cedo, mais fácil será. No começo a autodisciplina pode exigir um grande esforço, porque o obriga a fazer certas coisas que o ego inferior não aceita. Você tem que aprender a dizer não para si mesmo e, quanto mais firme você for, mais depressa a paz reinará em seu interior. É bom se policiar e de vez em quando avaliar até que ponto você está sendo fraco, indulgente consigo mesmo. Para tanto você precisa ser muito honesto e não tentar se desculpar. Escrever as suas falhas pode ajudar você a encarar os pontos onde mudanças são necessárias. E ponha-se em ação. Se você se acha incapaz de superar certas dificuldades, Eu não exijo que você faça isso sozinho, EU ESTOU sempre aqui para ajudá-lo. Por que não Me chamar?

21 de agosto

É comum a todos a experiência de ser
violentamente abalado por algo que outra
pessoa lhes disse ou fez. Em vez de encarar
o fato imediatamente, talvez você tenha dado
tempo para que ele tomasse conta de você
e afetasse todo o seu ser, a ponto de você
ficar tenso e agressivo. Pode ser até que
você tenha começado bem o seu dia, com
as melhores intenções, com seu coração
cheio de amor, determinado a ver somente
o melhor em tudo. Da próxima vez que isso
acontecer, perceba imediatamente o que
está se passando e eleve sua consciência.
Chame por Mim. Deixe sua mente se
estabilizar em Mim para que você possa
se tornar consciente de Mim e da Minha
divina presença. Ao agir assim, sinta a
diferença. Se você conseguir sempre voltar
rapidamente seus pensamentos para Mim e
para o Meu divino amor quando se encontrar
numa situação negativa, tudo se modificará
completamente. Lembre-se desta ideia da
próxima vez. Experimente-a e comprove
como funciona.

22 de agosto

Não importa onde você esteja ou o que você esteja fazendo; EU ESTOU sempre com você. Mas é preciso que você esteja consciente disso, ou você passará pela vida como um cego, desapercebido dos prodígios e belezas que o rodeiam, tateando seu caminho pela escuridão. Quando você está alerta, tem olhos para ver e ouvidos para ouvir; todas as pequenas coisas da vida têm significados novos e mais profundos. Nada lhe passa desapercebido e você consegue enxergar um plano e um propósito permeando todos os acontecimentos de sua vida. E você sente real alegria e ânimo com tudo que está lhe acontecendo. Você vê tudo com os olhos do Espírito. Você compreende o que é realmente importante na vida, e a vida transborda de alegria e felicidade. Você começa a perceber que nada acontece por acaso. Você reconhece Minha mão em tudo e seu coração transborda de amor e gratidão.

23 de agosto

Deixe o poder do Espírito fluir em você e através de você. Abra-se para esse infinito poder e perceba que o segredo desse poder está em manter contato coMigo, abastecendo-se na infinita e eterna fonte. A fonte está sempre aqui para saciar as almas que estão preparadas para usar o poder corretamente em benefício do todo. É preciso que você esteja pronto; você precisa primeiro pedir para depois receber. Nada lhe será impingido antes que você esteja preparado. Você acredita que coMigo tudo é possível? Você aceita isso como um fato ou permite que dúvidas e temores estraguem a perfeição da sua vida? Existe um ritmo perfeito para a vida e, quando você está no ritmo, você flui com a vida sem esforço e encontra alegria e animação. Portanto, por que não entrar no ritmo, se sintonizar e aproveitar plenamente a vida?

24 de agosto

Pergunte ao seu coração: existe alguma coisa que esteja lhe causando desunião e divisão? Existe algum desentendimento, inveja ou algo negativo que esteja lhe brecando? Você tem que se analisar justa, racional e honestamente. Você tem que saber, sem sombra de dúvida, se é você a pedra que está atrapalhando o funcionamento perfeito do Meu plano. Se você se sente desconfortável e está sempre tentando arrumar desculpas e justificativas para seus atos e pensamentos, pode estar certo que existe algo dentro de você necessitando de mudanças. Quando você descobrir o que é, não desanime: comece imediatamente a mudar sua atitude e seu enfoque. EU ESTOU sempre aqui para ajudá-lo. Chame por Mim e Eu o ajudarei a transpor os obstáculos do caminho que o estão impedindo de se sentir um com o todo.

25 de agosto

Não pense nem por um momento que você
não tem nada para doar. Você tem um
enorme potencial para doar e quanto menos
você pensar nisso, melhor se sairá. Quanto
mais você pensar e viver pelos outros,
esquecendo seu próprio ego no serviço ao
próximo, sem nenhuma preocupação sobre
retribuição, mais feliz você será. Nunca
doe com uma mão e tire com a outra.
Quando você doa algo, seja lá o que for, doe
desapegadamente, para que o presente possa
ser usado livremente. Quando você doar,
doe com fartura, livremente, de todo coração,
e depois esqueça que doou. Este princípio
se aplica a presentes em todos os níveis, seja
material ou imaterial, tangível ou intangível.
Seja sempre generoso em suas dádivas e não
tenha medo que algo lhe falte, porque se
você tiver receio ao doar, não será um ato
verdadeiro. Doando verdadeiramente,
nada lhe faltará.

26 de agosto

Você tem uma enorme tarefa a cumprir. É o trabalho silencioso de criar mais amor no mundo. É como o fermento na massa, que cumpre sua função sem estardalhaço; sem ele o pão ficaria como uma pedra. Por isso, ame as almas que o rodeiam, ame o que você faz, ame o meio ambiente, ame até as almas aparentemente suas inimigas. É necessário muito mais para amar as almas com as quais você não se sente bem do que simplesmente amar aquelas que o amam. Sinta a necessidade de amor em cada alma e transforme-se num canal por onde o amor possa fluir para suprir essas carências. À medida que cada indivíduo aprende a amar pelo simples prazer de amar, o peso do mundo será diminuído, porque o amor traz consigo o elemento de leveza para onde existe peso e escuridão. O amor começa em cada indivíduo, portanto, procure-o dentro do seu coração e traga-o para fora. Distribua-o livremente e com verdadeira alegria.

27 de agosto

Agradeça por tudo. Mantenha seu coração bem aberto e deixe seu sentimento de gratidão se derramar num fluxo ininterrupto. Você deve ser grato por tanta coisa! A gratidão mantém seus olhos abertos para Mim e para Meus prodígios. Por isso você não deixa passar nada despercebido e Me vê em tudo que está acontecendo. Você sabe que existe um padrão e um plano permeando a sua vida. Nada acontece por acaso. Cada contato é o certo, cada ação é dirigida. Sua fé tem que ser absoluta para você conseguir viver desta maneira, acreditando que sua vida está sendo guiada e dirigida por Mim. Isso quer dizer que primeiro você tem que se entregar totalmente a Mim para que Eu possa usá-lo como Eu quiser. Você precisa aprender que é dando que se recebe. E você só poderá agir assim quando tiver aprendido a Me amar com todo seu coração, sua mente, sua alma e sua força; porque sem amor você não conseguirá dar os passos necessários para viver esta vida. Portanto, abra seu coração e ame.

28 de agosto

É muito importante aprender a ordenar as suas prioridades, porque só depois de feito isso é que tudo poderá acontecer com perfeição. Procure em seu coração e veja qual é a sua prioridade no momento. É você e seu próprio bem estar? É o seu trabalho e sua situação financeira? Você está satisfeito de atravessar a vida sem perceber a Minha divina presença, acreditando que você pode sobreviver muito bem sem a Minha ajuda e que você não precisa de Mim? Você é completamente livre para adotar a atitude que quiser. Ninguém o impedirá. Mas você tem que estar disposto a arcar com as consequências quando as coisas não derem certo. Lembre-se, quando você sabe o que é certo e escolhe seguir seu próprio caminho, a responsabilidade que você assume é ainda maior, pois você não pode se declarar inocente. Não invente desculpas; não diga que tem tanto que fazer que não tem tempo para mais nada. Eu lhe digo que quando você ordena as suas prioridades você tem tempo para tudo.

29 de agosto

Você tem que cumprir a sua própria tarefa
nesta vida espiritual. EU ESTOU sempre
aqui para ajudar aquelas almas que ajudam a
si mesmas, mas você tem que dar o primeiro
passo. Você nunca aprenderá as lições se
outras pessoas as fizerem por você. Você
não pode educar uma criança fazendo tudo
por ela; ela tem que fazer as coisas sozinha.
Não importa se seus movimentos são
vagarosos ou desajeitados, você tem que ficar
de lado e ser muito paciente. Com muita
paciência e muito amor Eu tenho que ficar
de lado e observar você fazer seu próprio
trabalho, cometer seus próprios erros. Mas
lembre-se sempre, você se beneficiará desses
erros; nada é em vão. O tempo todo você
está aprendendo novas lições e avançando no
caminho espiritual. Cada passo, por menor
que seja, o leva para mais perto de sua meta,
a realização de sua unidade coMigo; até que,
finalmente, você vai perceber que não existe
separação, tudo é um e você é parte desta
gloriosa vida una.

30 de agosto

Você às vezes fica imaginando por que está aqui, fazendo o que está fazendo? Você tem dúvidas em sua mente? Procure bem dentro do seu coração e responda honestamente a estas perguntas. Mas, se você ainda tiver dúvidas, aquiete-se e procure iluminação interior, para descobrir qual é o seu lugar no Meu vasto esquema. Eu posso lhe assegurar que você não está aqui por acaso. A vida pode ter sido difícil para você, cheia de altos e baixos, testes e julgamentos; você pode até ter chegado a experimentar o fogo do inferno. Mas pode ter certeza que existe uma razão para tudo isso: foi para que as impurezas fossem incineradas e só sobrasse o ouro puro, a divindade interior que existe em você. Assim Eu posso trabalhar em você e através de você, e com a Minha presença posso realizar Meus prodígios e glórias.

31 de agosto

Para se aprender as leis da manifestação existem lições muito importantes: paciência, persistência e perseverança. Você tem que aprender obediência incondicional e precisa estar disposto a seguir as Minhas instruções, mesmo que estas pareçam estranhas. Só depois que estas lições forem aprendidas e postas em prática é que coisas maravilhosas vão começar a acontecer em sua vida, pois você estará realmente vivendo e demonstrando as Minhas leis. Lembre-se sempre: você tem uma tarefa a cumprir, você tem uma vida para viver; portanto, não passe seu tempo rezando e pedindo para as coisas acontecerem. A oração é importante, mas não é suficiente. Você tem que aprender a viver uma vida que sirva de exemplo. Só falar sobre a fé não é suficiente. Você tem que vivê-la de tal maneira que as almas à sua volta sintam o que significa viver pela fé, o que significa depositar toda a sua fé e confiança em Mim, o Senhor seu Deus, a divindade que existe dentro de você.

SETEMBRO

*Eu vi um poço fundo e escuro; em
sua borda havia um balde amarrado
em uma corda. Eu vi o balde sendo
baixado para dentro do poço e,
quando ele foi novamente puxado
para cima e para fora da escuridão, ele
estava transbordante de água clara e pura.
Eu ouvi as palavras:*

Bem dentro de cada alma existe
a pureza do Espírito. Procure sem
pressa até encontrá-la e, então,
traga-a à tona.

1º de setembro

Você pode se elevar a grandes alturas com um coração cheio de admiração e agradecimento. Mas, como um passarinho, você tem que decolar do chão e fazer aquele esforço especial. Não precisa ser um esforço pesado: pode ser leve e feito com alegria. Por que manter-se ancorado quando um pouco de ação pode mudar completamente a sua vida? Olhe para o alto, quanto mais alto melhor. Espere que as coisas mais maravilhosas aconteçam, não no futuro, agora. Vá em frente com passos firmes e ritmados, com a certeza interior que você vai atingir todas as metas a que se propôs. Por que não agir de maneira positiva ainda hoje? Por que não começar a girar as engrenagens? Só quando você tiver feito a sua parte você receberá toda a ajuda que necessita. Tenha confiança em sua habilidade para se desempenhar de suas tarefas, porque você está se abastecendo em Mim. Você pode fazer qualquer coisa se sua fé e confiança estiverem em Mim.

2 de setembro

Se o seu desejo é trazer paz e harmonia ao mundo, comece primeiro achando a paz e a harmonia que residem em seu coração. Falar sobre a paz é perda de tempo. Você tem que procurar e achar aquela consciência de paz que nada nem ninguém consegue perturbar, e tem que se conservar nela. Nesse estado de consciência você será capaz de efetivamente ajudar a trazer paz e harmonia para a vida de muitas pessoas. Perceba conscientemente a paz e harmonia em sua própria vida primeiro e, como uma pedrinha jogada nas águas calmas de um lago, as ondas se espalharão para fora, tocando e mudando a vida de muitos. "Você colhe aquilo que planta." Plantando discórdia e desarmonia você colhe discórdia e desarmonia; plantando paz e harmonia, a colheita da paz e harmonia será grande, não somente para você como para todas as almas com as quais você entrar em contato.

3 de setembro

Doe e continue doando. Não tente acumular nada. Mantenha tudo fluindo livremente. Seja talento, amor, dinheiro ou posses, mantenha o fluxo, o movimento. Assim, tudo se multiplicará. A força da vida em seu corpo não pode ser acumulada; precisa se manter em movimento, circulando, só assim consegue se renovar, se refrescar, dando lugar para mais força vital penetrar e possibilitando a você ser um ser vital. E assim é com tudo; mantenha o movimento e nunca impeça o fluxo. Observe a vida se desenrolar perfeitamente para você. Veja seus desejos sendo realizados no momento certo. Acredite no que vai acontecer e não deixe as dúvidas penetrarem em sua consciência. Seja sempre positivo, apesar das condições parecerem adversas, e sinta os pensamentos mesquinhos desaparecerem e serem substituídos por pensamentos de progresso e abundância. Tenha fé absoluta que tudo vai muito bem porque Eu tenho tudo em Minhas mãos.

4 de setembro

Mantenha a visão da perfeição, da harmonia
e da beleza sempre à sua frente e projete-a
em tudo e em todos. Deixe que o amor que
existe em você transborde como a água e se
espalhe para todos igualmente. Não permita
que haja discriminação em você, porque
todos fazem parte de Mim; todos são uma
só família. O amor universal começa dentro
de cada indivíduo e abre seu caminho para
o exterior. Quando cada indivíduo perceber
isto e deixar o amor fluir livremente, muitas
mudanças ocorrerão no mundo, porque é o
amor que transmuta todo ódio, inveja, ciúme,
crítica e ambição desmesurada. Estas são as
qualidades que provocam guerra, destruição
e morte. O amor cria a vida – a vida infinita,
a vida abundante. O amor traz paz, alegria
verdadeira e duradoura felicidade. Acima
de tudo o amor traz união e integração.
Portanto, se você enveredou por algum
atalho e se perdeu, volte para o caminho
do amor que leva diretamente a Mim,
e você Me encontrará esperando por você
bem em seu interior.

5 de setembro

Se você escolher a Minha vontade e andar
pelos Meus caminhos, você terá de fazê-lo
de todo coração, sem se importar com nada.
Você terá que conviver com o mel e o fel
que virão com o aprendizado da lição vital
de obediência instantânea à Minha vontade.
Somente doando tudo você receberá tudo.
Nesta vida espiritual você não pode catar só
os bons pedaços: é tudo ou nada. Muitas
almas gostam de escolher as partes desta
vida que elas preferem e tentam ignorar
as partes que não preenchem seus desejos
básicos. Isto não é viver uma vida espiritual:
é escolher fazer só o que você quer e não o
que Eu desejo que você faça para Mim. Se
esta é a sua atitude, você não pode esperar
que as coisas dêem certo. Eu preciso de sua
total entrega e dedicação antes que Eu possa
operar Meus prodígios e milagres em você
e através de você. Agora que você já sabe
como são as coisas, que tal começar a fazer
algo a respeito?

6 de setembro

Viva um dia de cada vez. Não tente se
apressar, ajeitando as coisas para amanhã,
porque amanhã pode nunca vir a ser.
Aproveite plenamente o dia de hoje;
aproveite como se fosse o último. Faça todas
as coisas maravilhosas que sempre quis fazer,
não de qualquer maneira e apressadamente,
mas com verdadeira alegria. Seja como
uma criança que não pensa no amanhã e já
esqueceu o que aconteceu ontem, que vive
como se só o agora importasse. O agora é o
momento mais importante que você já viveu,
portanto não desperdice nem um segundo
dele. Viva sempre alerta, pronto para o que
der e vier. Vivendo assim você estará pronto
e aberto para qualquer coisa que aconteça.
Mudanças virão, e com muita rapidez. Eleve
seu coração em profunda gratidão à medida
que as mudanças forem chegando. Enxergue
sempre o lado melhor das mudanças que
forem acontecendo.

7 de setembro

Na próxima vez que você tiver que fazer
uma tarefa que não lhe agrada, pare antes
de começar e mude toda a sua maneira de
encará-la. Pense que você estará fazendo o
trabalho por Mim, e se o seu amor por Mim
é como deveria ser, então você encontrará
verdadeira alegria e prazer em executá-lo
com perfeição. E mais, você perceberá que
lhe sobra tempo para fazer tudo o mais que
é preciso fazer. Não desperdice seu tempo
tentando se convencer que você não tem
tempo e é muito ocupado. Simplesmente
vá em frente e faça o que tem que ser
feito. Permita que sua vida corra suave
e calmamente, sem sensação de pressa.
Começando o dia da maneira certa, com o
coração cheio de amor e gratidão e a
certeza que será um dia ótimo e que tudo
vai correr perfeitamente, você vai atrair tudo
isso para si mesmo.

8 de setembro

Permita-Me trabalhar em você e através de você. Deixe Minha luz e Meu amor fluírem em você e através de você para o mundo que o cerca. Perceba que era assim no começo, quando caminhávamos juntos, e que você agora completou todo o círculo e voltou para Mim, tornando-se um coMigo, o Bem-Amado. Não fique sonhando com isso, nem desejando que seja assim; simplesmente saiba que é assim agora e que não existe mais separação. Você não precisa mais vagar pelo desconhecido, se sentindo perdido e solitário, sem saber que direção tomar. Acredite que cada passo seu é guiado e dirigido por Mim, e que você jamais se perderá outra vez se você se mantiver cada vez mais consciente de Mim e da Minha divina presença. Portanto, dê graças eternas e deixe seu coração ficar tão cheio de alegria e gratidão que você as expressará em todos os momentos, e cada respiração Me dirá "Eu lhe agradeço, Bem-Amado".

9 de setembro

Quando uma alma pretende aproveitar a vida ao máximo sem nada doar em troca, é impossível querer também verdadeira e duradoura felicidade e alegria; porque é pensando nos outros e vivendo pelos outros que se encontra profunda alegria e satisfação interior. Ninguém pode viver só para si mesmo e ser feliz. Se você se sentir descontente e insatisfeito com a vida, pode estar certo que é porque você deixou de pensar nos outros e se tornou muito envolvido consigo mesmo. A maneira de inverter isso é começar a pensar no seu próximo e fazer algo por ele de maneira a esquecer-se de si mesmo. Existem tantas almas necessitadas, que há sempre algo que você pode fazer por alguém. Então, abra seus olhos e seu coração e deixe que a luz lhe mostre o caminho, deixe que o amor guie as suas ações. Deixe Meu amor preenchê-lo e envolvê-lo e sinta-se em perfeita paz.

10 de setembro

Quando você planta uma semente na terra
ela pode se parecer com qualquer outra
semente, marrom e seca, sem nenhum
sinal aparente de energia vital. No entanto,
você a coloca na terra com confiança, e
no momento certo ela começa a crescer.
Ela sabe exatamente no que ela vai se
transformar. Você só sabe o que plantou
porque estava escrito na embalagem, mas
você acredita que determinada planta vai
nascer daquela semente, e é o que acontece.
Quando você planta ideias e pensamentos
certos em sua mente, você deve fazê-lo
com absoluta confiança, acreditando que
somente o que é perfeito vai nascer.
À medida que sua confiança se torna mais
forte e inabalável, essas ideias e pensamentos
construtivos começam a crescer e se
desenvolver. Assim você alcança o sucesso
em tudo. É o poder interior presente em
cada um de nós que faz o trabalho.
SOU EU dentro de você.

11 de setembro

Só depois de colocar em prática o que você aprendeu é que você vai saber se funciona. Pode funcionar para os outros, mas, e para você? Lembre-se, você não pode se apropriar das experiências espirituais de outra pessoa. Ler, ouvir e falar sobre elas pode ajudar, mas depende de você viver e praticá-las em sua própria vida se você quer viver pelo Espírito, pela fé. Ninguém pode viver esta vida por você. Cada alma é completamente livre para fazer sua própria escolha. Qual foi a sua escolha? Você vai ficar sentado para o resto da vida ouvindo sobre as experiências dos outros? Ou você vai começar aqui e agora a viver uma vida plenamente dedicada a Mim, colocando em prática todas aquelas maravilhosas lições que você tem aprendido para ver se funcionam?

12 de setembro

Muitas almas acham difícil aceitar seu relacionamento amoroso com todos os seres humanos. Esta separação é a causa de todos os problemas do mundo, das rixas e das guerras. Você deve começar pondo ordem em si mesmo e nas suas relações pessoais. Pare de apontar o dedo e fazer críticas às almas com as quais você não simpatiza. Ponha sua própria casa em ordem. Você tem falhas suficientes para mantê-lo ocupado, não precisa ficar acusando e criticando os outros. Se você está disposto a encarar e consertar suas próprias falhas, então você será capaz de ajudar seu próximo apenas com seu exemplo, mas não com críticas, intolerância e palavras. Ame seus irmãos como Eu o amo. Ajude-os, abençoe-os, encoraje-os e enxergue neles somente o melhor.

13 de setembro

Acredite interiormente que Eu nunca lhe dou para carregar um fardo além de suas forças, e que você não terá que carregá-lo só, porque EU ESTOU sempre com você. Portanto, vamos fazer tudo juntos. Se você realmente acreditar neste Meu apoio, você nunca mais sentirá que sua carga é pesada demais, mesmo que o peso das responsabilidades seja grande. Eu necessito de almas dedicadas para que Eu possa trabalhar nelas e através delas, almas dispostas a compartilhar as responsabilidades sem se esquivar, dispostas a esquecer seu próprio ego e se dedicar totalmente ao Meu serviço e ao serviço de seus irmãos. Você está disposto a isso? Esta vida exige completa dedicação e coerência. Você é consistente no trabalho que faz por Mim? Você dedica cada dia ao Meu trabalho? Você obedece ao Meu mais leve sussurro? A essas alturas você já deve ter percebido que tudo só corre bem quando você Me ama verdadeiramente e Me coloca acima de tudo mais.

14 de setembro

Que haja equilíbrio em tudo. Trabalhe bastante, mas aprenda também a se divertir bastante e faça o que você gosta de fazer, seja lá o que for; não importa se seus prazeres são simples ou extravagantes, contanto que você tire verdadeira alegria deles. Quando você está fazendo algo com prazer, não importa o quanto possa ser cansativo; você não se sentirá exausto, mas reanimado e edificado. O trabalho nunca deve ser um fardo, e nunca será se sua atitude em relação a ele for a certa e você tirar prazer do que estiver fazendo. Quando você tiver equilíbrio em sua vida, você encontrará plenitude e não cometerá excessos nem no trabalho nem no divertimento. Um é tão ruim quanto o outro. Nunca compare seus prazeres com os de mais ninguém; o que você gosta de fazer pode não agradar a outra pessoa. Faça o que você gosta de fazer e deixe os outros fazerem o que agrada a eles. Viva e deixe viver.

15 de setembro

Lembre-se sempre, quando você quer alguma
coisa muito intensamente, você pode fazer
com que ela aconteça. Quando você deseja
unidade, plenitude, você pode consegui-las
se você se dedicar completamente. Seu
amor e seu desejo de ser um coMigo se
seguirão como o dia segue a noite, e nada
poderá evitar isso. É algo que acontece
no fundo de cada alma e, uma vez que
a semente desse desejo foi plantada, ela
crescerá sempre. Qual é o seu desejo mais
profundo? Você quer Me dar tudo? Você
está disposto a desistir de todas as pequenas
autoindulgências e vontades que podem
causar separação? Depende de você tomar
sua própria decisão e saber o desejo de seu
coração. Não espere que outra pessoa diga
a você qual é. É algo que você mesmo
tem que fazer sem qualquer ajuda externa.
EU ESTOU aqui para ajudar você.
Peça Minha ajuda em todos os momentos.

16 de setembro

A vida é plena e transbordante de coisas novas, mas é preciso jogar fora o que é velho para dar lugar para o novo. O processo de esvaziamento pode ser muito doloroso, porque depois de jogar fora o velho você pode se sentir inseguro, só e despojado, sem ter onde se segurar. Você pode achar que a vida acabou, só restou um vazio sem significado, e pode se desesperar. Acredite que, se você está passando por esse processo, é porque é necessário se desfazer do que é velho para poder ser preenchido com o novo. Não perca as esperanças e aguente firme até estar completamente esvaziado. Aí então você poderá recomeçar com o Espírito e a verdade, livre de velhos ranços. Você poderá ser como uma criança, aproveitando plenamente as maravilhas de uma nova vida que o irá preencher gradualmente.

17 de setembro

EU SOU o amor. Para Me conhecer você deve ter amor em seu coração; sem amor você não pode Me conhecer. Mantenha o amor fluindo livremente e aprenda a amar o que você faz; ame o ambiente em que vive e todos aqueles que o rodeiam. O amor que você dá nunca é demais, portanto não tenha medo e não tente se esquivar do fluxo de amor, mesmo que outros o rejeitem. Quando isto acontece, é fácil fechar os olhos e se retrair, com medo de ser ferido. Não seja assim, você só se sentirá endurecido e amargo, e nesse estado não será capaz de ajudar outras almas, porque ninguém é atraído para alguém com um coração duro e sem amor. Use sabedoria e compreensão conjuntamente com o amor e mantenha um equilíbrio perfeito. A lição primordial da vida é aprender a amar. Não perca tempo e aprenda a lição depressa.

18 de setembro

Sua vida vai bem? Você está satisfeito com
o que está fazendo? Você se sente em paz
com o mundo ou sua vida é cheia de altos e
baixos? Você está insatisfeito com a maneira
como está vivendo ou com seu trabalho?
É difícil se harmonizar com as almas à
sua volta? Você culpa essas pessoas e o
ambiente em que vive pela sua insatisfação
e descontentamento? Você acredita que
se sentiria bem e em paz se fosse outra
pessoa? Quando existe uma perfeita paz
em seu interior, não importa onde você
está, nem com quem, nem que tipo de
trabalho corriqueiro você está fazendo.
Nada será capaz de lhe perturbar ou abalar,
porque você está perfeitamente equilibrado
e harmonizado interiormente. Em vez de
lutar contra os acontecimentos, aprenda a
fluir com eles, encontrando, assim, em seu
interior, paz e compreensão.

19 de setembro

EU SOU a fonte de toda vida. Quando você entra no meu ritmo, tudo flui suavemente. Muitas almas se perguntam por que a vida é tão cheia de altos e baixos, por que acontece tanta coisa errada, e culpam a tudo e a todos menos a si próprias. Se você se recolher e se indagar por que você está em desarmonia com a vida, descobrirá que frequentemente é porque você não está dando atenção às suas prioridades e não está se permitindo os momentos de silêncio e quietude que Eu lhe peço para que você encontre sua paz. É preciso tempo, paciência, fé e crença. Significa que você tem que aprender a se aquietar. Eu quero que você aprenda a achar as respostas para seus problemas sozinho coMigo. Eu anseio para que você confie plenamente em Mim, para que perceba que sua força, sua sabedoria, sua compreensão, tudo vem de Mim.

20 de setembro

Quando você sentir que chegou ao fim de
suas forças, que não consegue dar mais
nem um passo e a vida perdeu todo sentido,
essa será uma ótima oportunidade para
começar tudo de novo! Qualquer alma pode
recomeçar sua vida se puder aceitar, com
toda a humildade, o fato de que precisa
da Minha orientação para ordená-la. Elas
podem começar de novo se estiverem
dispostas a colocar suas vidas em Minhas
mãos e Me deixarem guiá-las. Agradeça
constantemente por este novo dia e esta nova
maneira de ser, por esta nova oportunidade
de recomeçar. Perceba que Eu preciso de
você e que, quando você está num estado
negativo, você se fecha para Mim.
Chame por Mim e Eu o atenderei.
Eu Estarei com você nos momentos difíceis.
E o levantarei e o recolocarei no caminho
certo, guiando cada um de seus passos.
EU ESTOU sempre com você.

21 de setembro

Meu plano para você é perfeito e acontecerá na hora certa. Não tente apressar os acontecimentos, mas observe seu desenrolar e seu desenvolvimento. Não se impaciente se aparentemente a vida andar devagar. Aprenda a esperar por Mim cheio de fé e confiança, e saiba que tudo acontece na hora certa, porque existe uma hora certa e uma estação certa para tudo. Lembre-se, você não pode mudar as estações do ano, você não pode mudar o movimento dos céus ou das marés. O universo está em Minhas mãos, ninguém pode lhe fazer mal. Siga em frente com fé e confiança absolutas, permitindo que Meus milagres e glórias se desdobrem. Nada tema, seja forte e corajoso. Quando houver perfeita paz em seu interior você será capaz de enfrentar as pressões e demandas ao seu redor. Portanto, deixe que Minha paz e Meu amor o preencham e o envolvam, e sinta-se perfeitamente em paz cumprindo a Minha vontade.

22 de setembro

Não perca tempo com pensamentos bobos e tagarelice. Empregue cada minuto em palavras e pensamentos amorosos, positivos, construtivos. Perceba que os pensamentos que você projeta podem ajudar ou atrapalhar, portanto, seja seu dono e não seu escravo. Por que não aproveitar plenamente a vida? A vida só pode ser aproveitada quando se está dando o melhor de si mesmo em palavras, atos e tempo. Abra seus olhos e seu coração e perceba somente o que há de melhor em tudo e em todos à sua volta. Se isso é difícil, continue tentando; somente o que há de melhor está reservado para você. Existem tantas coisas maravilhosas no mundo, por que não se concentrar nelas e preencher sua vida com elas, eliminando o que é desagradável, triste e discordante? A vida é o que você faz dela. O que você está fazendo da sua?

23 de setembro

Você não pode jogar tênis simplesmente ficando lá de pé com a raquete e a bola nas mãos. Você tem que levantar a raquete e bater na bola para ela passar por cima da rede. Você tem que agir. O mesmo acontece com a fé. Você tem que fazer alguma coisa para provar para você mesmo que viver pela fé funciona. Quanto mais você experimentar e perceber que funciona, mais confiante você ficará, até o momento em que você estará pronto a dar qualquer passo com fé, sem hesitação, porque você saberá que estamos dando o passo juntos, e qualquer coisa se torna possível quando você está disposto a isto. Você tem que ter fé na sua habilidade de nadar antes de mergulhar em águas profundas com total confiança, senão você se afoga. Você tem que ter fé na sua habilidade de viver pela fé antes que você consiga fazê-lo. A fé gera fé. Como é que você pode saber se você pode confiar em Mim ou não, a não ser que você tente para ver se funciona?

24 de setembro

Estes são tempos cruciais e cada alma é
necessária em seu lugar certo. É como
um grande quebra-cabeça sendo montado:
há um lugar certo para cada pedacinho.
Você está no seu lugar certo? Só você
pode saber. Você sente que você se funde
perfeitamente no todo e que você não cria
nenhum atrito ou nota discordante? Paz,
harmonia e tranquilidade devem estar dentro
de você, para estabilizá-lo e alinhá-lo com
o que está para acontecer. Portanto, é
necessário ficar quieto e encontrar aquela
paz interior que não vai deixar nada nem
ninguém perturbá-lo. Seja como uma
âncora, forte e firme, de modo que nenhuma
tempestade exterior consiga afetá-lo ou
deslocá-lo do seu lugar certo. Segure-se
firme e saiba que tudo vai muito, muito bem
e que tudo está acontecendo de acordo com
Meu plano perfeito. Não deixe seu coração
se preocupar, mas deposite toda a sua
confiança, sua fé e sua segurança em Mim.

25 de setembro

À medida que você aprender a doar, você irá também receber. Abra seu coração e dê todos os presentes que você recebeu. Doe de seu amor, de sua sabedoria, de sua compreensão. Doe do intangível assim como do tangível. Na verdade, doe e continue doando sem pensar em si mesmo, sem pensar no custo ou no que você vai receber de volta. A sua doação deve ser de todo coração e cheia de alegria; aí então você vai perceber que cada ato de doação trará com ele alegria e felicidade indizíveis. Cada alma tem algo a doar, assim, descubra o que você tem para doar, e doe. Nunca se esqueça que existem vários níveis em que você pode doar. Não doe somente o que é fácil doar, mas também o que é difícil, e assim fazendo cresça e se expanda, porque somente o melhor pode resultar de sua doação.

26 de setembro

Relaxe e sinta que há tempo para tudo.
Todos têm a mesma quantidade de tempo
disponível, mas o que interessa é como
você usa esse tempo. Você aproveita
plenamente e desfruta cada momento dele,
ou você desperdiça seu tempo, sem saber
discernir as prioridades? Pare de ser escravo
do tempo. Por que não fazer o tempo seu
escravo? Assim, não será ele a impor as
regras, mas sim você. Aceite o fato que você
só pode fazer uma coisa de cada vez, faça-
a perfeitamente e só então comece a fazer
outra coisa. Nunca tente olhar longe demais.
Você só pode viver um momento de cada
vez. Se você tentar planejar muito à frente,
você pode se decepcionar quando as coisas
não acontecerem como você havia planejado.
Muitas mudanças impossíveis de serem
previstas podem acontecer. É melhor viver
plenamente cada momento presente e deixar
o futuro tomar conta de si mesmo.

27 de setembro

Não perca tempo e energia desejando ser outra pessoa, estar em outro lugar ou ter outro trabalho. Aceite sua situação e perceba que existe uma razão específica para você ser quem é e estar fazendo esse trabalho. Nada acontece por acaso; você tem que aprender certas lições e a situação em que você se encontra é propícia para que você as aprenda rapidamente, e assim possa seguir em frente neste caminho espiritual. Você certamente não quer ficar preso ao sulco da trilha, mesmo que ele lhe pareça seguro. Pense como sua vida seria boba e desinteressante se essa fosse a sua escolha. A vida é excitante e cheia de expectativas quando se está disposto a seguir em frente e enfrentar o desconhecido sem temor, dando o próximo passo com absoluta fé e confiança em Mim, seu guia e companheiro. Nada tema; EU ESTOU sempre com você.

28 de setembro

Lembre-se sempre que você pode colaborar
com o estado em que está o mundo
simplesmente operando uma completa
mudança em seu coração, sua mente e
seu espírito. E quando você perceber isto,
assumir suas responsabilidades e começar a
agir, verá que as mudanças vão começar a
acontecer à sua volta, em pequenas coisas no
começo e depois se espalhando até que tudo
esteja incluído. Pense como é maravilhoso e
animador você saber que, para fazer alguma
coisa para endireitar o estado do mundo, é
só você mudar interiormente e projetar essa
mudança para fora. Abençoados são aqueles
que estão preparados e abertos para ver a
necessidade de mudança e de se fazer algo a
respeito; porque eles são como o fermento
na massa, que faz com que o pão cresça.
Sem o fermento o pão não cresceria. Sem
mudanças, tudo permaneceria estático,
estagnado e morreria. Por isso, mude e se
expanda com real alegria e agradecimento, e
seja grato em poder fazê-lo; e aja agora.

29 de setembro

Muitas vezes você ouviu as palavras "A vida é o que você faz dela", mas o que você faz a respeito? Você não percebe que é você quem controla sua vida, sua felicidade, seu sucesso, suas alegrias e suas tristezas? A vida pode ser maravilhosa, excitante e gloriosa, mas depende de você fazê-la assim, através de suas expectativas de só ter o melhor. Viva um dia de cada vez e viva o dia plenamente. Não desperdice tempo se preocupando com o amanhã e o porvir, nem se permita ficar deprimido por achar que não vai aguentar o que vier de ruim. Olhe sempre para o lado iluminado da vida e concentre-se nele, no sempre presente agora. Porque as coisas não correram bem ontem, não significa que hoje vai acontecer o mesmo. Deixe o ontem para trás; aprenda com ele, mas não deixe que ele estrague o hoje. O hoje está à sua frente, intocado e imaculado. O que você vai fazer com ele?

30 de setembro

Na vida, é importante que se tenha uma meta
e que se mantenha caminhando em direção
a ela. Descubra a sua verdadeira finalidade e
planeje sua vida de acordo com ela, mesmo
que você não consiga sempre enxergar a
meta nitidamente; porque quando você desce
num vale, ou quando o caminho é sinuoso,
você às vezes não consegue ver adiante da
próxima curva. Você vai notar que de vez em
quando você terá uma experiência espiritual
animadora, que irá ampará-lo através das
passagens difíceis e tornar possível que você
siga em frente, aconteça o que acontecer.
Mire alto – quanto mais alto, melhor. Daí
você terá que continuar indo em frente,
crescendo e se expandindo para chegar
lá. Você não pode se acomodar e se sentir
satisfeito; você não pode jamais permanecer
estático. Você está sempre tentando alcançar
o próximo degrau da escada da vida, e você
sabe que cada degrau faz você chegar mais
perto de sua meta, não importa o quão
longe ela possa estar. Por isso, vá em frente
sempre e nunca desista.

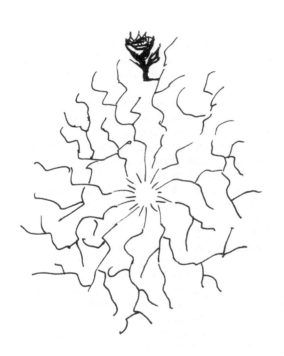

OUTUBRO

*Eu vi uma árvore no outono, com
suas folhas caindo. Eu vi outra árvore
já despojada de todas as folhas.
Eu ouvi as palavras:*

Não se preocupe. A força vital está no
interior e desta força vital o novo vai nascer.
Saiba que o que é velho deve morrer
para que o novo possa nascer.

1º de outubro

Aprenda a ser um verdadeiro otimista e só espere o melhor de tudo que for fazer. Saiba que você pode e fará sua tarefa perfeitamente e não haverá desleixo nem em seu trabalho, nem em sua vida. Simplesmente faça para Mim e para a Minha glória e você fará tudo com amor e, portanto, com perfeição. Este princípio também se aplica à sua aparência e à maneira como você se comporta. Quando você está fazendo tudo por Mim e quando seu maior desejo é cumprir Minha vontade por seu amor por Mim, você vai querer fazer tudo da melhor maneira. Você vai querer ter sempre a melhor aparência e dar o melhor de si, e você nunca ficará satisfeito com menos. É necessário parar de tempos em tempos e perceber onde você deve mudar, e aí ter o ânimo de mudar. Aprenda a mudar, e a mudar rapidamente, e saiba que toda mudança é sempre para o melhor.

2 de outubro

Cada alma tem sempre alguma coisa para partilhar. Existem qualidades e posses em muitos níveis diferentes. Você pode não ter posses materiais, mas pode estar certo que você tem outras qualidades, mesmo sem saber quais são. Não as conserve só para si, mas traga-as para fora, descubra-as e use-as como devem ser usadas, nunca para sua própria glorificação, mas sempre para a Minha honra e glória. Não possua nada, mas use e aproveite plenamente tudo que você tem. O que você tem para doar? Não se apresse em descobrir, se você ainda não sabe. Doe de todo coração e doe com alegria, e seja agradecido por ter alguma coisa para doar, seja lá o que for. Quando você tiver escolhido viver desta maneira, completamente dedicado a Mim e ao Meu trabalho, você não mais se apegará às coisas. Perceba que tudo que você tem é Meu, e, portanto, deve ser compartilhado com o todo.

3 de outubro

Você tem uma grande responsabilidade nas mãos, porque Eu derramo sobre você todos os Meus perfeitos dons e dádivas. Seus pés foram colocados no caminho que leva à Nova Era e a cada passo você se envolve mais e mais, tornando-se parte dela. Você não pode mais inventar desculpas para si mesmo quando deixa de fazer alguma obrigação, dizendo que não sabia ou que não se deu conta, porque você é responsável por cada uma de suas ações. Você sabe como controlar seus pensamentos e suas ações, portanto, faça-o. Não tente se esconder atrás da ignorância, mas saiba que seu interior está pleno de conhecimento, sabedoria, compreensão; é só você fazer uso deste estoque infinito em todos os momentos. Agradeça eternamente por ter conhecimento desta verdade que lhe possibilita fazer tudo que lhe é pedido. Fique em perfeita paz.

4 de outubro

Como é que você quer viver uma profunda
vida espiritual sem fazer qualquer esforço?
Você não pode viver das experiências, glórias
e triunfos de outras pessoas, da unidade delas
coMigo. Isto é algo que você mesmo tem
que procurar e encontrar. Comece agora,
pensando por si próprio, sustentando-se nas
suas próprias pernas; pare de se apoiar nos
outros. Depois de usar muletas por algum
tempo uma pessoa tem que se decidir a
abandoná-las de vez ou ficará dependente
delas e perderá totalmente o uso das
próprias pernas. É por isso que é vitalmente
importante você ter sua própria experiência
espiritual e receber inspiração de dentro e
não de fora. Cada alma receberá inspiração
de maneira diferente. Não existe um padrão.
Encontre seu próprio caminho e comece a
vivê-lo agora.

5 de outubro

O que você está fazendo com a sua vida?
Você está satisfeito só se deixando levar
pela correnteza, fazendo só o que você
quer, vivendo do jeito que você quer, sem
sequer um pensamento pelos outros? Você
é livre para isso. Muitas almas vivem assim e
depois se perguntam por que são infelizes e
insatisfeitas. Somente quando você aprender
a esquecer o ego e a viver pelos outros é que
você vai encontrar a verdadeira satisfação e
paz no coração. EU ESTOU aqui para lhe
mostrar o caminho, mas é você quem tem
que seguir em frente. Ninguém mais pode
fazer isto por você; ninguém mais pode viver
a sua vida por você. Aprenda a doar e não
só a receber o tempo todo. Por que não
doar num nível e receber no outro? A vida é
um caminho de duas direções, um constante
doar e receber. Você não pode viver só para
si mesmo e encontrar verdadeira alegria e
satisfação na vida. Viva para o todo, doe
para o todo e seja inteiro.

6 de outubro

Você pode fazer deste dia aquilo que você quiser. No exato momento em que você acorda de manhã, você pode decidir que tipo de dia você quer ter. Pode ser o dia mais maravilhoso e inspirado possível, mas depende de você. Você é livre para escolher. Então, por que não começar agradecendo, para abrir seu coração? Quanto mais agradecido você é, tanto mais aberto você estará para os maravilhosos acontecimentos que este dia trará. Amor, elogios e gratidão escancaram as portas e permitem que a luz entre e revele o que há de melhor na vida. Esteja determinado a ser ultrapositivo hoje, a esperar o melhor e atrair o melhor para você.

7 de outubro

Você anseia por cumprir a Minha vontade ou você ainda está com medo que o custo seja alto demais? Lembre-se: Eu realmente exijo tudo; portanto, não há como reter algo. Somente quando tudo é dado – e dado livremente e com amor – é que tudo lhe será devolvido. O sacrifício parece grande demais para você? Quando se dá alguma coisa por amor, não se pensa que é um sacrifício, mas sim um grande prazer e alegria. Por que hesitar? Quando tudo é dado livremente e você não possui nada, então tudo é seu. Você não tem nada a perder, nem a ganhar, e o mundo todo está a seus pés. Você sabe que tudo que você tem vem de Mim, a fonte de tudo, e que tudo está à disposição para você se servir à medida que a necessidade surge. Assim você pode se servir do Meu propósito de abundantes e infindáveis riquezas e que estão à disposição de todas as almas que Me amam e Me colocam sempre em primeiro lugar.

8 de outubro

Focalize seu olhar e visualize-se por inteiro, perfeito e criado à Minha imagem e semelhança. Nunca se deprecie ou pense o pior de você mesmo. Eleve seu pensamento e seja muito positivo sobre si mesmo. Se você cometer erros, aprenda a perdoar e então siga em frente e para o alto. Eu não vejo necessidade de você se martirizar e ficar andando por aí cheio de preocupação e autopiedade. Você não percebe que quando age assim está se desligando de Mim e Eu não posso usá-lo? Mantenha-se aberto: aprenda com seus erros. Esqueça o ego completamente através do amor e do serviço prestado ao seu próximo. Assim que você começar a pensar nos outros, o ego será esquecido. O serviço é um grande curador, um grande renovador de equilíbrio e estabilidade. Portanto, descubra o que você tem de melhor, no que você é bom; e quando você souber, vá em frente com todo o seu coração. Vá sempre em frente, nunca retroceda.

9 de outubro

Toda alma anseia pelo melhor que a vida pode dar. E o melhor está esperando que você esteja pronto para recebê-lo. Mas você deve estar disposto a receber o melhor de todo o coração, com verdadeira alegria e com a certeza que você é digno dele e este é o momento certo. Se a sua atitude for de dúvida, você irá bloquear o fluxo do que é seu por direito. Portanto, verifique se não há nada em você que esteja impedindo o que é seu de chegar até você. EU ESTOU lhe oferecendo a vida, uma vida de abundância. EU ESTOU lhe oferecendo beleza, harmonia, paz, amor. O que é do Espírito é seu. Caminhe pelos caminhos do Espírito, viva em perfeita harmonia com as Minhas leis e observe a vida se desenrolar em total perfeição. Que não haja pressões em você. Aceite simplesmente o que é seu com o coração pleno de agradecimento e nunca deixe de expressar seu amor e apreciação por tudo que lhe é dado.

10 de outubro

Aquilo que está em seu interior é refletido no exterior. Ordem, harmonia, amor e beleza interiores serão refletidos em tudo o que você faz, diz e pensa. Da mesma maneira, existindo confusão, desordem e desarmonia interiores, seu reflexo não poderá ser ocultado. Para que uma mudança ocorra, é necessário que ela comece de dentro para fora. Será, assim, uma mudança duradoura e inabalável. Não espere sentado que sua vida mude; mexa-se e comece a fazer algo a respeito. Comece agora a trabalhar seu estado interior. Você não precisa esperar por ninguém; faça suas mudanças sem demora. Agradeça constantemente por ser capaz de fazer isso sem empecilhos. Se aparecer algum empecilho, ele estará dentro de você e só você poderá ultrapassá-lo.

11 de outubro

O fruto do Espírito é a alegria, portanto, deixe que mais alegria, divertimento e risos façam parte de sua vida. Para que a vida seja plenamente aproveitada é necessário haver equilíbrio e moderação em tudo. Você pode gostar do seu trabalho e achar que não precisa mudar, mas, de vez em quando, deve tirar um tempinho e fazer algo completamente diferente para mudar seu ritmo de vida. Assim você vai descobrir que, ao voltar ao normal, vai estar completamente refrescado e cheio de alegria. A vida nunca deve ser um fardo. Você não está aqui para se curvar sob o peso do mundo. Você está aqui para aproveitar com alegria cada momento da vida e, por você estar vivendo uma vida equilibrada, há um constante doar e receber.

12 de outubro

Você consegue amar de verdade, sendo constantemente submetido a testes e julgamentos, e sentindo que tudo e todos estão contra você? É muito fácil amar quando tudo está indo bem. É quando você encontra obstáculos que você tende a fechar seu coração e parar o fluxo de amor; e, no entanto, é neste momento que você tem maior necessidade de amor. Quando você consegue amar apesar de todas as condições externas, só então você pode ter certeza que é o Meu divino amor que está fluindo em você e através de você, e que este amor maravilhoso sairá vitorioso no final. O amor nunca desiste; tenta de um jeito ou de outro, até conseguir vencer. O amor é suave, mas também forte e persistente. Como a água, ele abre seu caminho através dos corações mais duros. Portanto, nunca aceite um "não" como resposta. Ame e continue amando, e observe o caminho se abrir diante de você.

13 de outubro

Agradeça eternamente por todos os bons
e perfeitos presentes que Eu lhe dou.
Perceba que você sempre tem tudo o que
precisa quando surge a necessidade. Você
é o depositário de tudo que Eu lhe ofereço;
portanto, seja um bom administrador, nunca
tente possuir nada, mas use tudo o que você
tem com sabedoria e compreensão. Você
veio a este mundo sem nada, e você irá
embora sem nada. Tudo o que você tem,
Eu lhe dei para usar plenamente enquanto
você estiver neste plano terrestre. Por que
não aproveitar e agradecer tudo isso, mas
tentando não se apegar? Tudo lhe foi dado
livremente; livremente doe às almas à sua
volta. Compartilhe tudo que você tem, e,
assim, faça espaço para que mais coisas
possam ser atraídas por você. Saiba que
todos os seus desejos são maravilhosamente
realizados se você vive pelas Minhas leis.

14 de outubro

Confiabilidade é o coração da responsabilidade. Significa você estar sempre no lugar certo, na hora certa, fazendo o que você sabe que tem que ser feito. É você nunca deixar para amanhã o que deve ser feito hoje. Quando você começar algo, cuidará para que seja terminado, não importando a oposição que possa surgir. Você nunca será desencorajado pelos obstáculos, mas os verá como pedras e desafios que deverão ser ultrapassados. Você será firme como uma rocha porque sua segurança e estabilidade são interiores, e você não será afetado por condições exteriores e pelo caos e confusão que existem ao seu redor. Aconteça o que acontecer, você não se sentirá "para cima" num dia e "para baixo" no outro. É isso que significa ser confiável; isso é ser forte e corajoso. À medida que você assume de maneira confiável maior quantidade de responsabilidades, mais e mais você estará se fortalecendo até que nada mais será "demais" para você.

15 de outubro

Viva e trabalhe, mas não se esqueça de se divertir e tirar prazer da vida. Você precisa de equilíbrio em tudo. Trabalho demais e diversão de menos deixam a vida desequilibrada e fazem de você uma pessoa sem graça e desinteressante. Procure um equilíbrio perfeito em tudo que você faz, e você descobrirá real prazer na vida. Você precisa de variedade em sua vida, portanto, por que não soltar as amarras e tentar algo novo e diferente, não porque você esteja aborrecido com o que está fazendo ou esteja querendo fugir, mas simplesmente porque você percebe que precisa de uma mudança? Quando você conseguir mudar sem sensação de culpa, você descobrirá que consegue fazer tudo o que tem que fazer com um novo enfoque; e mais, você será capaz de fazer tudo com verdadeiro prazer. De que adianta a vida se você não pode aproveitá-la e tirar prazer de tudo que você faz, quer você chame o que faz trabalho ou diversão?

16 de outubro

Deixe seu amor e compaixão se estenderem
a todos, não apenas àqueles que o amam,
mas até àqueles que o odeiam e o desprezam.
Eleve sua consciência e mantenha-a num
estado elevado, e você será capaz de
perceber tudo com outra perspectiva e
verá que não tem inimigos. Não endureça
seu coração, não tente retaliar quando
a vida aparentemente está contra você.
Simplesmente saiba e aceite que EU ESTOU
com você, Eu o estou guiando e dirigindo,
e que tudo vai indo muito bem. Aí, então,
solte-se e veja somente o melhor em cada
situação. Quando você estiver disposto
a fazer isso, você será capaz de ver Meus
milagres e glórias acontecerem e você saberá,
sem sombra de dúvidas, que por si só não
seria capaz de operar tais milagres. Portanto,
eleve seu coração e dê honra e glória a Mim.

17 de outubro

Tudo é parte de um todo perfeito; e tudo o que você faz, diz, pensa e sente também faz parte do todo. Portanto, não se imponha limites, mas sinta-se expandir cada vez mais, assimilando tudo. Você nunca atingirá os limites porque não existem limites. A vida é infinita e você é parte desse infinito. Continue a esticar sua consciência. Onde está seu espírito de aventura, que lhe permite penetrar no desconhecido sem temor, cheio de expectativa e esperança? Você não pode esperar crescer espiritualmente se continuar a fazer sempre as mesmas coisas, entra dia, sai dia. Você precisa querer seguir em frente e você receberá todo tipo de ajuda quando tomar essa decisão. O primeiro passo é sempre seu. Não perca tempo e vá em frente, e veja milagre após milagre acontecendo em sua vida.

18 de outubro

Eu sou seu refúgio e sua força, uma ajuda presente em momentos de tristezas e preocupações. Aprenda a chamar por Mim, a se apoiar em Mim, a se abastecer em Mim, a colocar toda sua fé e confiança em Mim, para que suas dificuldades e problemas se dissolvam no nada. Há uma resposta perfeita para cada problema. Procure por ela e você a encontrará. Não perca tempo chafurdando em seus próprios problemas e sentindo autopiedade. Eleve-se acima de tudo isso. Agradeça pela resposta que está ao seu alcance a partir do momento em que você expande sua consciência e se aquieta para recebê-la e colocá-la em ação. Transforme-se através da renovação da sua mente. Você pode resolver qualquer problema simplesmente por saber que a resposta está ao seu alcance quando você se aquieta e procura por ela. Pare de correr em círculos, sem chegar a lugar nenhum. Chame por Mim.

19 de outubro

Se você se perdeu, a maneira mais rápida e fácil de achar novamente o caminho é ficar quieto, e na paz e na quietude procurar a sua direção. Você está disposto a reservar um tempinho para ficar quieto e se interiorizar ou você acha isso um desperdício de tempo e quer seguir em frente fazendo tudo que você tem para fazer? Toda alma precisa de uma direção, porque sem direção você pode ficar completamente perdido no labirinto da vida. Por isso, por que não passar todos os dias alguns momentos a sós coMigo para determinar para onde você está indo? À medida que você aprender a fazer isso, você descobrirá uma profunda necessidade interior por esta comunhão e ansiará por passar mais e mais tempo coMigo neste estado de consciência. Portanto, mantenha-se alerta e responda a esses anseios que vêm de dentro de você; nunca os descarte com impaciência, achando que não tem tempo. EU lhe afirmo que há tempo para tudo.

20 de outubro

Você faz ou não faz parte do todo? Então, por que se afastar, vivendo uma vida desordenada e caótica? Preenchendo sua mente com lindos pensamentos, pronunciando lindas palavras e realizando lindas coisas, assim você estará se tornando um com a linda unidade que é o Meu Universo, e onde tudo combina perfeitamente. À medida que cada indivíduo procura e encontra paz interior e harmonia, assim vai reinar no mundo a paz e a harmonia. Isso precisa começar de alguma maneira: por que não começar em você? Perceba que você, fazendo a sua parte, pode ajudar a trazer paz e harmonia ao mundo. Cada gotinha d'água contribui para fazer o enorme oceano, e cada grãozinho de areia para fazer a praia. Portanto, cada indivíduo em paz interiormente pode trazer a paz exterior ao mundo. Por que não fazer a sua parte agora? Eleve seu coração e agradeça eternamente por saber que você tem sua parte a realizar e vá em frente e realize-a.

21 de outubro

Expanda sua consciência e saiba que EU SOU tudo o que há. Continue expandindo e veja como EU SOU inclui tudo. Sinta-se crescendo, quebrando todas as amarras que o seguravam e impediam seu crescimento e expansão. Assim como uma sementinha plantada no solo rompe sua pele exterior e começa a se expandir e se transformar naquilo que verdadeiramente é, deixe seu verdadeiro eu interior crescer e se expandir até você se tornar aquilo que você realmente é, e observe a maravilha do processo todo. Saiba que agindo assim, você é um com toda a vida, agora e sempre, que nunca mais irá se separar dela, e que EU SOU em você e você é em Mim. Você será capaz de fazer qualquer coisa e nada será impossível, porque será o EU SOU quem estará trabalhando em você e através de você. Quando EU SOU reconhecido e aceito, nada é impossível.

22 de outubro

Pare por um momento em meio a sua azáfama e pense no que você está colocando em primeiro lugar. É o trabalho? É o viver? São as suas necessidades? Seus desejos? Procure primeiro o Meu reino. Encontre seu contato direto coMigo e tudo o mais lhe será acrescentado. Você não percebe que sua comunhão coMigo significa mais do que tudo, porque é deste contato que tudo ramifica? Faça sua parte e saiba distinguir as prioridades. Você não pode tirar água de um poço se você não tiver primeiro um balde, fizer o balde descer até a água e então puxar o balde para cima. Você tem algo a realizar: você tem que fazer o esforço e realizar a sua parte. Ficar ao lado do poço olhando a água não vai trazer a água até você. Assim é com a vida espiritual: ficar por perto vendo outras pessoas encontrarem sua unidade coMigo não vai fazer com que a mesma coisa aconteça com você. Cada alma tem que fazer seu próprio trabalho de procura e descoberta interior.

23 de outubro

Se você se deparar com uma situação difícil
de aceitar e amar, você sempre poderá
encontrar uma maneira de contorná-la;
recolha-se à quietude e chame por Mim e
Eu lançarei sobre você a luz da verdade. Eu
lhe revelarei porque você está aqui, fazendo
o que está fazendo. Tenha certeza que há
uma boa razão para o que está acontecendo
e lições importantes a serem aprendidas.
Enquanto você não mudar sua atitude e
aprender a amar o lugar onde você está,
quem você é e o que você está fazendo, você
terá que permanecer na mesma situação.
Mas, assim que as lições forem aprendidas
e você realmente amar o seu trabalho e
cumprir suas tarefas por Mim e pelo Meu
bem, você começará a se mover para algo
novo. Observe o amor abrir todas as portas
para você.

24 de outubro

O que foi bom e apropriado ontem, não o é necessariamente hoje. É por isso que se deve viver um dia por vez, e viver plenamente o glorioso agora. Conseguindo isso sem reservas ou preconceitos você será capaz de aceitar as mudanças sem resistência e a vida fluirá suavemente. Isto é mais fácil falar do que fazer, especialmente se você já estava bem enraizado e seguro na maneira como as coisas estavam fluindo. Coloque sua segurança em Mim e nunca numa situação, num plano ou numa pessoa, pois o que está aqui hoje pode não estar mais amanhã. Mas EU ESTOU sempre aqui, por toda a eternidade. Portanto, procure por Mim e Me encontre, e nada tema. Permita que as mudanças ocorram e saiba simplesmente que cada mudança será para melhor e necessária para o crescimento e a expansão do todo.

25 de outubro

Quanto mais altos os seus alvos, melhor.
Não se limite de maneira alguma. Acredite
que você terá sucesso em tudo que resolver
fazer se você se abastecer de ajuda e força
em Mim; não haverá derrota ou fracasso.
Tudo que tem a Minha marca está destinado
ao sucesso e só os melhores resultados
irão acontecer. Portanto, mantenha sua
consciência elevada, harmonize-se com a
vida e veja os mais fantásticos resultados.
Você só pode esperar por estes resultados se
estiver sintonizado com o melhor que existe
dentro de você e puder fluir livremente com o
que está acontecendo à sua volta, superando
obstáculos. Muitas coisas poderiam bloquear
seu caminho em direção à sua meta. Afaste-
as e recuse-se a considerar o fracasso.
Simplesmente acredite que você pode e vai
ter sucesso em tudo que se decidir a fazer.

26 de outubro

Não existe uma maneira que seja a certa e todas as outras erradas. Alpinistas têm que escolher entre galgar direto para o pico pela trilha mais reta ou procurar uma trilha mais fácil para seguir. A decisão é deles. Você é quem tem que decidir qual é o melhor caminho espiritual para você mesmo e então segui-lo com convicção. Existem almas que estão procurando e ainda não encontraram seu próprio caminho na vida. Elas tentam um caminho espiritual após o outro, seguem só até um certo ponto, descobrem que não é o indicado e então começam outro. Elas continuarão fazendo isso até encontrar o caminho certo. E o encontrarão se procurarem com afinco e não desistirem da procura. Se você já encontrou o seu caminho, siga sempre em frente e não perca tempo olhando para trás ou criticando aqueles que ainda não encontraram o caminho deles.

27 de outubro

Um novo conceito é como uma semente plantada no aconchego de sua casa. A semente não pode ser retirada desse ambiente até que esteja forte o suficiente para ser plantada onde tem que enfrentar os elementos exteriores. O mesmo acontece com um novo conceito: não pode ser puxado como um mágico puxa um coelho da cartola. Leva tempo para tomar consistência e forma. Deve ser experimentado com alguns antes de ser dado a muitos. É preciso muito amor e paciência para fazer isso: é preciso dedicação e devoção. Este processo é o que está acontecendo atualmente com a Nova Era. É muito novo. Muitas novas ideias e conceitos estão nascendo, e cada um tem que ser testado, entendido, amado e nutrido. Se você está na ponta da lança da Nova Era, você deve estar pronto para ir em frente sem temores e experimentar o que há de mais novo.

28 de outubro

Tudo melhora com a prática. Quanto mais você vive a vida, mais ela faz parte de você, e você pode viver e se mover e fazer parte dela. Você não pode permanecer estático, portanto solte-se e cresça, expanda-se livre e alegremente. Solte as amarras que o mantiveram confinado no passado. Eleve-se acima de todos os temores que impediram sua expansão e mantiveram seus olhos vendados, impossibilitando você de ver claramente a gloriosa visão à sua frente. Mostre o que a fé significa para você e espere que o aparentemente impossível se torne possível. Traga o Meu reino para a terra e aprenda a fazer a Minha vontade e a andar nos Meus caminhos. Não importa que os primeiros passos sejam fracos e hesitantes, eles têm que ser dados. Não importa quantas vezes você caia. Simplesmente levante-se e tente outra e outra vez.

29 de outubro

Procure sempre o melhor, sempre espere que o melhor aconteça e nunca se satisfaça com o que vem em segundo lugar. Pode parecer difícil, especialmente quando você está no "fundo do poço". Você tem, então, que elevar sua consciência e nunca, nem por um minuto, pensar em miséria, mas só pensar em abundância. Visualize abundância e agradeça por Meu infinito e ilimitado suprimento. Por que você aceitaria um segundo lugar, se o melhor está esperando para que você o aceite, esperando para agraciar você? Quando você pensa grande, toda a sua vida e seu modo de viver vão expandir-se, no seu interior e à sua volta. Lembre-se, tudo começa de dentro e tudo começa com você. Comece agora a reajustar sua maneira de pensar. Reoriente-se de dentro para fora, e deixe que este trabalho aconteça gradualmente em seu interior, como o fermento na massa. Nunca deixe de reconhecer Minha mão em tudo, e agradeça constantemente. Não aceite as coisas como se elas lhe fossem devidas, mas perceba o quanto você é abençoado.

30 de outubro

Aprenda a doar livremente tudo que você possui. Aprenda a receber graciosamente tudo que lhe dão e aplique isso sabiamente para a expansão e melhoria do todo. Quando você doar, faça-o sem contar os custos. Aquilo que é doado de boa vontade, com todo amor, trará bênçãos e alegrias para muitas pessoas e se multiplicará. Mas lembre-se: não se apegue ao que você doar: doe e não pense mais nisso. Quando fizer uma tarefa, faça-a com amor e seja grato por ter a habilidade necessária. Faça-a com perfeição e nunca pense no que pode ganhar com isso. Quando você aprender a fazer tudo pela Minha honra e glória, você terá aprendido a arte de doar verdadeiramente. Você sentirá alegria em tudo que doar e toda a sua atitude e visão das coisas serão corretas.

31 de outubro

A fé exige mais do que ficar parado e deixar tudo por Minha conta. Você tem uma tarefa a cumprir, porque "de acordo com a sua fé, assim será". Colocando sua fé e confiança incondicionalmente em Mim, tudo é possível. Viva pela fé e demonstre as Minhas leis para que todos possam ver. Vamos trabalhar como um, viver como um, ser um; Eu em você e você em Mim. Quando você compreender que tudo é possível para Mim, você perceberá que tudo é possível para você também, porque EU ESTOU trabalhando em você e através de você. Nada acontecerá se você não tomar a iniciativa. EU ESTOU em você e você representa Minhas mãos e Meus pés. Dedique essas mãos e pés a Mim e ao Meu serviço e tudo fluirá suavemente. Trabalhe em perfeita harmonia e ritmo com as Minhas leis e veja os prodígios acontecerem um após o outro, e agradeça eternamente por tudo.

NOVEMBRO

*Eu vi a Terra como um tabuleiro de
xadrez, pintada com quadrados
brancos e pretos. Choveu, o preto
escorreu para o branco e tudo se
tingiu de um cinza sujo e triste.
Choveu mais e tudo se transformou
no mais puro branco.
Eu ouvi as palavras:*

Tenha fé. Fique firme e saiba que a Terra
e tudo que nela existe está passando
por um tremendo processo de limpeza.
Tudo está caminhando muito bem,
porque está de acordo com o Meu plano.
Sinta-se em perfeita paz.

1º de novembro

Não existe pressão ou pressa na natureza. Uma semente deve seguir seu ciclo completo; ela não precisa se esforçar, as etapas se sucedem naturalmente. Tudo que você tem a fazer é deixar as coisas acontecerem naturalmente. Por que não se transformar numa linda borboleta? Livre-se da sua crisálida, desse espaço limitado, das restrições de suas ideias e de sua mente mortal. Para trocar de pele uma cobra vagarosamente se desenrosca da pele velha e a abandona, para que ela seque e se desintegre. Um caranguejo ao crescer e se expandir larga a casca que ficou pequena demais e produz outra maior e mais bonita. Um passarinho quebra a casca do ovo e sai completamente transformado. Está livre, livre, livre! É isto que vai acontecer com você. Uma nova liberdade, uma nova alegria, todo um mundo novo está aguardando para se abrir quando você se decidir a abandonar os velhos costumes, pensamentos e ideias e se transformar.

2 de novembro

Logo que você aprende algo, seja dirigir um carro, nadar, tocar um instrumento musical, você faz todos os movimentos conscientemente. Você erra, mas não desiste. Você conserta os erros e continua tentando até dominar completamente as suas ações. Então, de repente, você percebe que não precisa mais prestar atenção em cada movimento, tudo é feito automaticamente, tudo flui e você se diverte porque não é necessário mais nenhum esforço. Assim também com esta vida espiritual. À medida que ela se torna parte de você, não será mais preciso que você seja lembrado para pensar conscientemente em Mim e na Minha presença. Você não mais precisará se sintonizar coMigo porque você já estará sintonizado. Tudo será tão natural quanto respirar. E neste estado de consciência você saberá que EU ESTOU em você, você está em Mim e nós somos um.

3 de novembro

Comece este dia com seu coração
transbordando de amor, alegria e
agradecimento, feliz por estar vivo, por estar
fazendo o que está fazendo, por estar onde
está; e veja a perfeição deste dia emergir.
Abençoados são aqueles que podem perceber
a beleza, a alegria e a harmonia à sua
volta e apreciá-las plenamente, e aqueles
que Me reconhecem em tudo e em todos
e agradecem por tudo. A alegria é como
uma pedra atirada num pequeno lago; as
ondinhas vão até a borda e voltam para o
centro, trazendo alegria para tudo que tocam
no percurso. O amor é como um bálsamo
curador, curando todas as feridas, tudo o que
dói, todas as mágoas; portanto, ame com
Meu divino amor; ame os que merecem e os
que parece que não merecem ser amados;
ame os que não conhecem o significado
do amor; ame os que você considera seus
inimigos. Quando seu coração estiver cheio
de amor, você não terá inimigos. O amor
é a fundação desta vida espiritual.

4 de novembro

Mantenha-se sempre alerta e de olhos abertos. Atente para Minha mão em tudo e dê graças eternas. Se você não se mantém alerta, deixa passar tanta coisa que está bem à sua frente, e até mesmo dentro de você! Muitas almas passam pela vida cegas para as maravilhas à sua volta, cegas para os milagres da natureza, e perdem tantos milagres da vida! Quando você estiver consciente da beleza, da harmonia, da paz e da serenidade das pequenas coisas à sua volta, você descobrirá essa consciência crescendo até que toda a vida se transformará num mundo maravilhoso e você caminhará pela vida como uma criança, olhando com olhos arregalados para tudo que está acontecendo. Você viverá na expectativa de que as coisas mais gloriosas vão acontecer, e, portanto, você estará contribuindo para que elas aconteçam. Não haverá nem um momento sem graça em sua vida. Você aceitará tudo naturalmente e dará graças por tudo. A gratidão mantém as portas abertas para que mais e mais prodígios aconteçam em sua vida; por isso, nunca deixe de dar graças.

5 de novembro

Aceite a ideia que você é um com a vida,
aceite que você é um coMigo. Não se
esquive disto, achando que você não é digno
de aceitar nossa unidade. Esse sentimento
de indignidade é o que separa os indivíduos
de Mim, seu criador. Por tempo demais
as pessoas têm sido ensinadas que são
pecadoras miseráveis e que não são dignas
de andar e falar coMigo. Por tempo demais
elas se mantiveram separadas de Mim,
até que elas já não mais Me conhecem,
não mais percebem que EU ESTOU entre
elas. Expulse para sempre todos os falsos
conceitos que você tem de Mim. EU ESTOU
dentro de você. Aceite com alegria e
encantamento a nossa unidade. Aceite isto
como uma criança bem pequena e não perca
tempo e energia tentando destrinchar isto na
sua cabeça. Se você tenta encarar esta vida
intelectualmente, você perde muito tempo e
deixa de ver a simplicidade de tudo. Meus
caminhos são simples; pare de torná-los
complicados para você mesmo.

6 de novembro

Estes não são tempos comuns. Preste
atenção no desenrolar do Meu vasto
e glorioso plano. Agora é tempo das
mudanças mais maravilhosas acontecerem,
por isso esteja preparado para qualquer
coisa, a qualquer hora. Não há nada de
casual ou de sorte no fato de todas essas
pessoas estarem sendo atraídas umas às
outras neste momento em que se vislumbra
um tremendo trabalho à frente. Existe um
plano muito bem definido se desdobrando;
desdobre-se com ele. Não fique ansioso;
extinga qualquer temor. Reconheça Minha
mão em tudo, veja a perfeição de tudo e
dê graças. Esteja pronto e ansioso para
aceitar suas responsabilidades. Esta vida
não é para os que evitam ou têm medo das
responsabilidades. A Nova Era exige força,
coragem e dedicação, assim como uma fé
inquebrantável. É uma aventura maravilhosa
e, portanto, é necessário espírito de aventura
para participar dela. Caminhe com tudo
que está acontecendo, sem alarde e em paz,
sem qualquer esforço, porque tudo vai muito,
muito bem.

7 de novembro

Você já descobriu como pode contribuir para o todo? Você sente que está se fundindo com o todo ou ainda está do lado de fora, imaginando onde está o seu lugar? Por que não dar um passo à frente, tentar se mesclar e achar mais rapidamente o seu lugar? Quando você se sentir parte do todo, terá vontade de dar a ele o melhor de si mesmo. Este processo é similar a um relógio composto de muitas peças. Cada peça é necessária para que o relógio marque a hora certa. Quando cada peça está trabalhando bem em seu devido lugar, a precisão das horas é atingida. Toda alma quer se sentir necessária, querida. Quando você se sente querido, você começa a crescer, desabrochar e florir, e dá o melhor de si. Lembre-se sempre que Eu preciso de você. Ofereça-se a Mim a cada dia, renovado, para que Eu possa usar você de acordo com a Minha vontade, e você possa crescer em força e estatura.

8 de novembro

Por que aceitar limitações em sua vida?
Sinta sua consciência se expandindo dia
a dia. Espere que o novo se desdobre
em você e à sua frente e, se para isso for
necessário mudar, esteja disposto a fazer as
mudanças sem hesitação. Para mudar de
programa no rádio só é preciso mexer num
botão até achar uma nova estação. Daí é
preciso sintonizar cuidadosamente até que
a recepção fique clara e não haja distorções
para atrapalhar o programa. Quando seu
desejo de deixar o que é velho para trás for
suficientemente forte, você não deixará pedra
sobre pedra até conseguir o que quer. Você
mexerá em todos os botões até conseguir
se sintonizar com o novo e poder receber a
transmissão em som alto e forte. Quando
a transmissão estiver clara, você terá que
se aquietar e escutar; e quando você tiver
absorvido o que está sendo transmitido, você
tomará a iniciativa de fazer algo a respeito.
Por que esperar mais um dia? Sintonize-se
agora.

9 de novembro

Que a sua fé seja forte e firme. A fé tem que ser vivida e demonstrada, não falada. Torna-se cada vez mais forte quando usada constantemente. Não é algo que se possa tirar da prateleira de vez em quando, usá-la e recolocá-la no lugar para o próximo que precisar. À medida que você aprender a viver pela fé, você aprenderá a Me ver em todos e em tudo que está acontecendo, e você perceberá que não há um lugar onde Eu não esteja. É uma conscientização interior perceber que tudo que há de melhor na vida vem de dentro. Quando você perceber que você contém tudo dentro de você, sua busca terminará. Você não mais terá que se esforçar para atingir o impossível, e na quietude e confiança encontrará um depósito transbordante de tesouros incontáveis. Agora é o tempo de viver pela fé, não amanhã ou algum dia quando você estiver se sentindo mais forte e confiante. Ponha isto em prática agora mesmo e veja como funciona maravilhosamente.

10 de novembro

Dia a dia você percebe novos progressos dentro e fora de você. Você se descobre absorvendo novas ideias e novas maneiras. Sua consciência se expande e se torna capaz de aceitar mais e mais. Algumas pessoas aprendem mais depressa que as outras; portanto, aderir à Nova Era não vai ser o mesmo tipo de processo para todos. Algumas almas vão mergulhar nela. Outras entrarão devagarinho, testando cada passo do caminho. Algumas rastejarão e sentirão dificuldade em cada passo, porque estarão resistindo às mudanças que vão acontecer. Estas se ressentem das novas maneiras e das novas ideias e desejam ser deixadas em paz para viver como sempre viveram, com a atitude de que "o que foi bom para meus pais é bom para mim". A resposta para essa atitude é parar de lutar contra e sintonizar e fluir com a vida. Os tempos estão mudando e mudando depressa, e, a não ser que você mude junto, será deixado para trás.

11 de novembro

Tudo o que você precisa está dentro de você, esperando para ser reconhecido, desenvolvido e puxado para fora. Uma bolota de carvalho contém dentro de si uma poderosa árvore. Você contém dentro de você um poderoso potencial. Assim como a bolota tem que ser plantada e cuidada para poder crescer e se transformar num majestoso carvalho, assim também o que está dentro de você tem que ser reconhecido antes de poder ser trazido à tona e usado em todo o seu potencial; senão, vai continuar dormente dentro de você. O que acontece com muitas almas é que este tremendo potencial nunca chega a se desenvolver nesta vida e é frequentemente carregado de uma vida para a outra. Que processo desnecessário! Agora é a hora de despertar e utilizar tudo o que você tem em seu interior. Saiba que você pode fazer qualquer coisa porque EU ESTOU com você, fortalecendo e guiando cada um de seus momentos e de suas decisões, até que, como a semente de carvalho, você tenha rompido sua casca e esteja livre para crescer como o poderoso carvalho.

12 de novembro

Nunca perca tempo achando que você tem
um longo caminho pela frente nesta vida
espiritual. Em vez disso, sinta-se cheio
de coragem e força percebendo o quanto
você já caminhou, e dê graças por isso.
Tenha percepção do quanto você tem para
agradecer. Rodeie-se de lindos pensamentos,
lindas coisas e lindas pessoas. Veja a luz
da verdade brilhando em tudo e em todos.
Deixe que a sua luz brilhe intensamente
vinda do fundo de seu ser. Saiba que nada
que venha do exterior pode extingui-la
e que somente o seu negativismo pode
fazê-lo. Portanto, seja positivo sempre.
Escolha sempre o caminho da luz e ignore
a escuridão, tirando assim toda a sua força.
Mais e mais luz é necessária à medida que
a fome pelo alimento espiritual aumenta no
mundo, por isso mantenha sua luz brilhando
intensamente. Seja luz e deixe que ela brilhe
para fora de você, empurrando a escuridão.
Seja amor e deixe que o amor flua livremente
de você, e ajude a preencher a enorme
carência no mundo.

13 de novembro

Esperando somente o melhor da vida, é isso que você vai atrair para si mesmo; portanto, comece agora a esperar somente o melhor de tudo e de todos e observe tudo de melhor acontecer. Espere que todas as suas necessidades sejam atendidas. Espere respostas para todos os problemas. Não aceite limitações em sua vida; simplesmente saiba e aceite que todas as Minhas perfeitas dádivas são suas se você aprender os valores corretos e ordenar as prioridades em sua vida. Espere crescer em estatura e beleza, em sabedoria e compreensão. Espere ser usado como um canal por onde possa fluir Meu divino amor e Minha luz. Aceite ser usado por Mim para Meu trabalho. Faça tudo com absoluta fé e confiança e veja Meus prodígios e glórias acontecerem constantemente para que sua vida seja uma verdadeira canção de alegria e agradecimento.

14 de novembro

Quantas vezes Eu já lhe disse que preciso
de você livre para fazer tudo o que tem para
ser feito? Quando é que você vai aprender
a se soltar e ser livre? Você não saberá
o significado da liberdade até que esteja
disposto a se soltar; acredite que você vai
conseguir e dê os primeiros passos, mesmo
que sejam hesitantes. Só você pode fazê-
lo; ninguém pode fazer isto por você. Você
está com medo do que está lhe esperando
depois da curva, com medo do futuro? Onde
estão sua fé e sua confiança? Por que não
aprender a viver plena e gloriosamente
no presente, no agora, e Me deixar cuidar
do futuro para você? Eu tenho coisas
maravilhosas esperando por você, mas você
precisa estar livre e desapegado de tudo.
Esteja disposto a perder tudo para poder
ganhar muito, muito mais. Tudo está
em Minhas mãos, e tudo vai muito bem.

15 de novembro

A vida é tão simples, por que complicá-la? Por que escolher o caminho sinuoso se existe um caminho reto à sua frente? Deixe que a vida se desdobre naturalmente. Você não pode forçar uma flor a desabrochar sem destruir sua beleza e perfeição com sua impaciência. Existe um momento certo para tudo, portanto, por que não entrar no ritmo da vida, fluir com ela e observar Meus prodígios e glórias se desenrolarem perfeitamente? Quando algo é feito fora de hora, pode atrasar outras coisas, em vez de apressá-las, como seria de se esperar. Portanto, espere por Mim na quietude e confiança e nunca tente se apressar e fazer algo fora de hora. Mas também não fique se arrastando e perdendo tempo precioso. Perceba que existe um plano e um padrão que se permeia por tudo que você faz, e dê graças eternas.

16 de novembro

A lição primordial da vida é aprender a amar. O amor é tão forte que é inquebrantável e, no entanto, é intangível. Você sabe sobre ele; você o sente; e, no entanto, você não pode se agarrar a ele, porque, no momento que tenta agarrá-lo, ele escapa como uma gota de mercúrio. O amor não pode ser possuído; ele é livre como o vento e se move a seu bel prazer. Mova-se com ele. O amor é unidade e plenitude. O amor não conhece limites, nem barreiras. Com o amor vem a liberdade. É o medo que limita e aprisiona uma alma; é o amor que liberta e corta todas as amarras. O amor abre todas as portas, muda vidas e derrete o mais duro dos corações. O amor é criativo; ele constrói para o alto, criando beleza, harmonia, unidade. Ele trabalha sempre a favor de tudo, jamais contra. O amor traz uma alegria tão imensa que não consegue ser represada. Ele dança e canta pela vida afora. Existe amor em seu coração? Ele começa dentro de você e abre caminho para fora, aumentando cada vez mais.

17 de novembro

Você sente que faz parte do novo? Você sente que você se mistura no todo em perfeita harmonia ou você se sente desconfortável e desajeitado? Se você não se sente bem, é melhor sair e encontrar outro caminho. Somente as almas que estão em harmonia com o novo, que estão desejosas de deixar o que é velho para trás sem remorsos e que têm espírito de aventura, estarão prontas para o novo e serão capazes de mergulhar livremente nele. Se você ainda quer se manter preso às antigas maneiras e ideias ortodoxas e convencionais, se você tem medo de quebrar as velhas formas, então você não está pronto para o novo. É preciso coragem, força, determinação e uma grande consciência interior de que o que você está fazendo é o certo. Quando sua fé e confiança estiverem em Mim e você souber que EU ESTOU guiando e dirigindo você, então você será capaz de fazer tudo o que precisa ser feito com alegria e amor profundos.

18 de novembro

Use tudo que é seu para o benefício do todo. Não tente acumular bens, mas compartilhe-os. Compartilhados, eles aumentarão. Armazenados avaramente, eles poderão até desaparecer. Esta é a lei e, vivendo por ela, você poderá observar como ela funciona à sua volta. Pacotes de sementes guardadas e esquecidas num armário não servirão para nada, Mas se você plantar as sementes e cuidar delas, elas não só crescerão, como também se multiplicarão. Assim é com tudo que você tem; não guarde nada para si só, mas compartilhe e observe seus bens crescendo em quantidade e qualidade. Saiba que todas as suas necessidades serão supridas se você adotar a atitude certa, e tudo que Eu tenho será seu.

19 de novembro

Não é necessário que você dê jeito em
tudo na vida, ou que você tenha controle
de tudo. Você só tem que, com calma e
confiança, seguir as Minhas instruções, que
você receberá na quietude. Algumas almas
ouvirão Minha voz distintamente; outras
agirão intuitivamente, outras ainda serão
guiadas na ação. EU trabalho de muitas
maneiras, mas todos saberão quando
EU ESTIVER no comando, porque os sinais
do amor e da verdade estarão fluindo por
tudo. Quando as Minhas instruções forem
obedecidas, você verá acontecer maravilha
após maravilha e verá Minha mão em tudo.
Você perceberá que sozinho não conseguirá
realizar essas maravilhas e que realmente
SOU EU trabalhando em você, e você Me
honrará, glorificará e agradecerá.
Reconheça em todos os minutos de onde vem
sua sabedoria, seu amor e sua compreensão,
de onde vem a própria vida; EU SOU
o Todo de Tudo, e sua vida está contida em Mim.
Nós somos um.

20 de novembro

Esteja em paz e descanse no Meu amor.
Você já ouviu estas palavras muitas vezes e
fica imaginando o que significam. Elas são
como a água: lentamente desgastam o velho
caminho e encontram um caminho novo.
Devagar e sempre elas vão calcando fundo
até se tornarem parte de você. Então, não
são mais somente palavras, mas algo vivo
que se move e existe em seu interior e com o
qual você se percebe convivendo em perfeita
paz, baseados no Meu amor. Não se ressinta
com a repetição, mas seja eternamente grato
por Meu amor ser tão grande que Eu me
disponho a ficar sempre com você, insistindo
com paciência e persistência nas Minhas
lições. Eu coloquei Minha mão sobre você
e Eu preciso de você. No Meu vasto plano
geral existe um lugar muito especial que é seu
e Eu estou esperando que você esteja pronto
para que Eu possa revelá-lo a você.

21 de novembro

Você só saberá se algo funciona depois de experimentá-lo. Você só saberá se a eletricidade está ligada se apertar o botão da parede; você tem que agir de alguma maneira para testar o funcionamento. Assim também com a fé. É inútil ficar sentado conversando sobre a fé se você não vive por ela e não demonstra o que ela significa para você. É inútil falar sobre viver pela fé se sua segurança estiver no seu extrato bancário, de onde você sabe que pode sacar quando precisar. Você só poderá falar em viver pela fé e ser uma demonstração viva disso quando não possuir nada e for capaz de mergulhar em águas profundas, e conseguir realizar o impossível só porque sua fé está enraizada firmemente em Mim. Vá em frente! Teste a sua fé e veja o que acontece!

22 de novembro

Veja sempre o lado bom da vida. Espere somente que o melhor aconteça. Nunca culpe ninguém pelo estado negativo em que você se encontra. Você é seu próprio patrão; depende de você inverter o quadro e ver o que tem do outro lado. Se a sua escolha é pelo lado escuro da vida, não espere atrair para si almas alegres e livres, porque pássaros da mesma plumagem voam juntos: você irá atrair somente almas no mesmo estado que o seu. Se você estiver se sentindo ótimo e o amor estiver fluindo livremente de você, tudo que é bom será atraído por você, porque todos apreciam uma alma cheia de alegria. Aprenda a erguer pessoas e situações e nunca se deixe abater pelo desânimo de ninguém. Você está aqui para criar paz, harmonia, beleza e perfeição, tudo que existe de bom na vida, portanto, vá em frente!

23 de novembro

Quando Eu lhes digo: "Amem-se uns aos outros", não quero dizer que vocês devem se tolerar ou tentar se amar. Pois vocês vão descobrir que quando abrem seus corações e o preenchem de pensamentos lindos e amorosos, vocês sentirão amor por todos aqueles com quem vocês entram em contato, não importa quem sejam. É o fluir livre do Meu amor universal, que não conhece discriminações e que não escolhe a quem vai amar. Meu amor é o mesmo para cada um e para todos. O quanto você está disposto a aceitar é por sua conta. Não tenha medo de expressar este amor. Ele está além da personalidade; vem do mais alto. Aprenda a ter seu coração sempre pronto para amar e nunca se acanhe em demonstrar seu amor pelos outros. O amor é o maior fator unificador do universo, por isso ame, ame, ame.

24 de novembro

"Por seus frutos eles serão reconhecidos",
se eles são a meu favor ou não, se eles são
da luz ou das trevas. Abra seus olhos e você
saberá sem sombra de dúvidas. Interiorize-se
e seu coração lhe dirá. Faça a sua própria
avaliação e não dê ouvidos ao que vem
de fora; porque se você escutar a muitos
sussurros e rumores externos, você ficará
tão perplexo que não mais saberá o que é e
o que não é verdade, e você perderá o seu
caminho. Toda pessoa pode encontrar a
verdade em seu interior, mas isso significa
que ela tem que se dar um tempo para se
interiorizar; tem que pensar por si mesma e
encontrar seu próprio caminho, mas muitas
pessoas são preguiçosas demais para fazer
isso. Elas acham muito mais fácil escutar e
aceitar o que os outros dizem, sem ouvir sua
própria voz interior. Fique quieto e você
saberá a verdade, e a verdade o libertará.

25 de novembro

Não há necessidade de sofrimento na Nova Era. Para aquelas almas que estão se encaminhando para o novo, o sofrimento não mais existe. Se você ainda sente que o sofrimento é necessário, você não pertence ao novo, mas está firmemente grudado ao velho. E lá você permanecerá, atraindo sofrimento para você mesmo, até que, por sua livre vontade, você comece a caminhar e a aceitar que o que passou, passou. Concentre-se nas maravilhas e alegrias desta vida e aceite o que há de melhor e que é sua herança legítima. Não é ser como uma avestruz, com medo da vida e não a encarando. Mas é ver a realidade desta vida gloriosa que é a sua, e, assim fazendo, ajudar para que esta realidade aconteça. Quanto mais claramente você enxergar tudo isso, mais depressa ela vai acontecer. Aceite a visão do novo céu e da nova terra, e a tenha sempre em mente, porque não é um sonho inatingível. É realidade e você é parte dela.

26 de novembro

Existe uma grande necessidade de almas estáveis e responsáveis, que estão sempre no lugar certo na hora certa fazendo o que precisa ser feito. Existe uma necessidade de almas que vivam de tal maneira que nada as perturbe, porque estão em controle de cada situação e vivem e agem centradas na paz e quietude interior. Sua segurança está em Mim; portanto, nada as desequilibra. Elas sabem o que estão fazendo e porque, e têm um real senso de responsabilidade. Pode-se confiar que elas façam suas tarefas, sejam elas quais forem, e as façam perfeitamente. Consulte seu coração. As pessoas podem contar com você? Você tem um senso de responsabilidade capaz de fazer você completar suas tarefas? Você está sempre no lugar certo, na hora certa? É importante que você perceba em que ponto está se omitindo para poder, então, se corrigir.

27 de novembro

Tenham amor e confiança um pelo outro, porque amor e confiança numa alma permitem que ela desabroche e se desenvolva para que possa assumir responsabilidades e crescer em força e estatura. Você não pode esperar que uma criança evolua se tudo for feito por ela. É preciso ensiná-la a pensar por si mesma e tomar suas próprias decisões sem depender dos pais. Não é fácil ver entes queridos tomarem decisões erradas, mas, às vezes, não podemos interferir para que eles aprendam certas lições. Lições podem ser aprendidas da maneira mais fácil, mas nunca são esquecidas quando são aprendidas da maneira mais difícil. Por isso, nunca seja super protetor; aprenda a soltar as almas que estão sob seus cuidados, não importa quem sejam ou sua idade. Deixe que elas aprendam a dar conta de suas responsabilidades e, mais importante, apreciem fazer isso, ajudando-se umas às outras a crescer.

28 de novembro

Hoje é um novo dia e só depende de você
a maneira como ele vai se desenrolar. Seus
primeiros pensamentos ao acordar podem
colorir o dia todo. Podem ser pensamentos
felizes e positivos, ou podem ser tristes e
negativos. Não se deixe influenciar pelas
condições externas – pela meteorologia, por
exemplo. Pode estar chovendo, mas se o seu
coração estiver cheio de amor e gratidão, sua
atitude será de sol e céu azul. Você percebe
a enorme responsabilidade que carrega? A
vida é o que você faz dela, portanto, nunca
culpe ninguém pela situação em que você
se encontra, porque você é o responsável.
Mude sua atitude e você mudará toda a
sua visão do mundo que o rodeia. Adote
uma atitude construtiva em relação à vida.
Selecione somente o que houver de melhor e
ignore o resto; não dedique sua energia vital
ao que é ruim e ele desaparecerá. Neste dia
espere por Mim em quietude e com confiança
e saiba que este dia tem as Minhas bênçãos.

29 de novembro

Quais são os seus valores na vida? Se eles são simplesmente valores materiais, válidos hoje e inúteis amanhã, você vai desperdiçar sua vida se debatendo numa gaiola e não chegando a lugar nenhum. Mas se você procurar seguir os caminhos do Espírito, você terá que procurar dentro de si mesmo, e isso só poderá ser feito se você se aquietar para trazer à tona os tesouros escondidos lá no fundo. Você não encontrará esses tesouros no exterior, porque é no seu interior que você armazena tudo que importa nesta vida. Você é livre para fazer a escolha do que importa. Ninguém vai tentar influenciá-lo, porque cada alma tem livre-arbítrio. Depende de você fracassar ou vencer na vida. A luz está à sua frente: por que não segui-la? O amor está aí: por que não aceitá-lo? Nada lhe é recusado quando você procura com todo seu coração, mente, alma e força.

30 de novembro

Você não pode prosseguir para trabalhos maiores até que tenha resolvido seus relacionamentos, e seja capaz de caminhar no amor, na paz e na harmonia entre todos, sem ressentimentos ou má vontade. Ervas daninhas têm que ser arrancadas do solo antes que elas sufoquem as plantas que ali estão crescendo. Arranque todas as ervas daninhas da sua vida agora, antes que elas estejam firmemente enraizadas e sufoquem as lindas plantas que estão crescendo dentro de você. Você não pode crescer e expandir-se espiritualmente se você acalenta algum tipo de raiva, inveja, desamor, intolerância ou desentendimento no seu coração. Descubra. Resolva rapidamente suas diferenças e mantenha o amor fluindo. Nunca fique esperando a outra pessoa dar o primeiro passo. Você sempre pode fazer alguma coisa a respeito, portanto, por que não fazer agora? Não adie para amanhã o que pode ser feito hoje. Muita coisa está esperando para acontecer, mas deve acontecer na atmosfera certa, na atmosfera de amor, amor e mais amor.

DEZEMBRO

Eu vi uma grande bola de luz.
Dela saiam raios muito brilhantes e
para ela voltavam raios bem esmaecidos.
Eu ouvi as palavras:

Quando você tiver completado
o círculo, volte para Mim,
que sou a fonte de toda vida,
e torne-se um coMigo,
como era no começo.

1º de dezembro

Deixe o ontem para trás e entre rapidamente neste maravilhoso novo dia, sabendo que ele só contém o melhor para você, e espere que o melhor venha dele. Perceba Minha mão em tudo que está acontecendo e veja o nascimento de um novo céu e uma nova terra. Nada tema, porque o Meu prazer é grande de lhe dar o reino, não amanhã ou algum dia, mas hoje. Você pode aceitar o fato que qualquer coisa pode acontecer hoje? Você está preparado para as coisas maravilhosas que vão acontecer? Estar preparado ajuda a apressar os acontecimentos e torna possível que você veja somente o melhor de cada situação. Na verdade, o fato de você estar procurando só o melhor, ajuda a fazer com que só o melhor aconteça. Por este ato muito positivo você cria as condições adequadas, o ambiente certo para o surgimento do novo. Você se torna uma parteira, pronta para ajudar neste nascimento da melhor maneira possível.

2 de dezembro

Pioneiros são sempre necessários, aqueles indivíduos que têm a força e a coragem de desbravar o novo. São eles que têm visão, que conseguem manter essa visão sempre diante de si e conseguem realizá-la. Mas cada um é um indivíduo e, portanto, não podem ser colocados numa fôrma. Você tem que ser livre para crescer e se desenvolver, e se inspirar naqueles impulsos interiores que tocam e mexem com a sua própria alma. Viva pelo Espírito, aja de acordo com os impulsos que você recebe do Espírito, sem se importar se eles parecem bobos. É muito mais confortável não fazer nada e ficar esperando que outra pessoa dê o primeiro passo, o primeiro pulo para o desconhecido. É preciso fé e coragem para fazer isso; e se você não tem fé e coragem para fazê-lo, não tente segurar ou impedir quem as têm. Mas seja eternamente grato a eles, porque sem eles Meu novo céu e nova terra não poderiam ser estabelecidos.

3 de dezembro

Você é parte do todo e cada alma tem o seu papel para desempenhar no todo. Portanto, não sejam críticos e intolerantes um com o outro, mas percebam que não tem dois que sejam iguais e que é preciso muitas partes diferentes para compor um todo perfeito. Você já viu um relógio desmontado? Muitas partes diferentes compõem o relógio e, quando você olha para elas desencaixadas, fica imaginando como é que podem se juntar para formar uma máquina tão perfeita. Mas, quando alguém que entende de relógios pega cada peça e a coloca no lugar certo, você vê que não só o relógio funciona, como diz a hora correta. Enquanto cada pecinha ficar no seu lugar certo, fazendo seu trabalho, tudo funcionará suavemente. Agora você entende porque Eu fico insistindo para que você encontre seu lugar certo no vasto esquema da vida, e quando você o tiver encontrado, dê o melhor de si?

4 de dezembro

Aprenda a apreciar e a cuidar de tudo que lhe é dado. Você só fará isso quando perceber que tudo o que você tem vem de Mim. Quando você realmente ama a quem o presenteou, você valorizará o presente. Quando você deixa de cuidar dos Meus presentes, isso reflete sua atitude em relação a Mim, o doador de todos esses presentes. O amor é a chave. Quando você sabe o significado do amor, você nunca deixará de amar e cuidar daquilo que é posto sob seus cuidados. Você não dá para uma criança brincar uma parte valiosa de um equipamento, porque sabe que a criança não vai ter cuidado e, provavelmente, vai destruir a peça. Eu não posso dar para você tudo que está esperando para lhe ser dado até que você aprenda a cuidar e usar os presentes da maneira certa, com amor e com cuidado. Por isso, Eu preciso esperar pacientemente até que você esteja pronto e Eu possa lhe dar mais e mais dos Meus presentes.

5 de dezembro

Por que andar em círculos, com os olhos vendados e a mente fechada, sem conseguir ver a herança que é sua por direito? Perceba que não é no seu exterior que você tem que procurar por sabedoria, conhecimento e compreensão; tudo isso está dentro de você, esperando para ser trazido à tona. Quando você perceber isto, nunca mais vai achar que é menos inteligente que outros. As almas que percebem que tudo está contido dentro delas são capazes de entender tudo; todo um mundo novo é desvendado para elas. Você é um mundo, um mundo que contém luz, sabedoria, verdade e compreensão, tudo isto esperando para poder se manifestar. Portanto, pare de procurar fora de você. Aquiete-se e procure dentro de si mesmo. Aprenda a se entender e, consequentemente, você entenderá os outros, entenderá a vida e Me entenderá.

6 de dezembro

Não permita que vaidade intelectual, ideias preconcebidas e preconceitos bloqueiem seu caminho; nem se feche à verdade que vem através de meios não convencionais ou ortodoxos. Você está caminhando em direção ao novo e precisa estar preparado para aceitar novos valores e conceitos. Uma criança que passa de ano na escola tem que aprender a se expandir e aceitar todas as novas matérias. O mesmo acontece para quem entra na Nova Era. Você tem que estar disposto a se diversificar, a tentar novas experiências, a se arriscar no desconhecido. Tem, também, que estar disposto inclusive a errar, sabendo que com os erros você vai crescer em sabedoria, conhecimento e compreensão. Mas não se preocupe; as mudanças exigidas de você não serão bruscas; elas lhe serão introduzidas passo a passo e você poderá se acostumar com elas gradualmente.

7 de dezembro

Quando você não está harmonizado com a ordem divina das coisas, você atrai desarmonia e desunião. Você se descobrirá nadando contra a corrente, não indo a lugar nenhum e simplesmente se exaurindo. Por que não ir com a corrente, fluindo livremente e em harmonia com o que está acontecendo? Quando você aprender a fazer isso, você se encontrará em harmonia com tudo e com todos à sua volta. Você não vai mais se sentir como um peixe fora d'água, mas se fundirá perfeitamente com o ambiente à sua volta. Você descobrirá que está em harmonia consigo mesmo e que a harmonia interior refletirá no exterior. A vida fluirá suavemente e tudo se encaixará perfeitamente. Você verá milagre após milagre acontecer o tempo todo. Esta maneira de viver se tornará a maneira normal para você porque você estará sintonizado coMigo e Eu poderei trabalhar em você e através de você para realizar Minhas dádivas e glórias.

8 de dezembro

Quantas vezes por dia você se conscientiza de
Mim? Quantas vezes por dia você reconhece
a Minha mão no que está acontecendo
e Me agradece? Observe-se hoje e tente
manter contato coMigo o tempo todo. Não
será fácil no começo, porque você vai se
dispersar pelos atalhos e estradas da vida
e então nenhum pensamento sobre Mim
entrará na sua consciência por longos
períodos de tempo. Para começar, você
terá que aprender a trazer sua consciência
de volta para Mim e parar de andar a esmo.
Mas, à medida que você continua a fazer
sempre isso, gradualmente você ficará mais
e mais conscientemente alerta para a Minha
presença. Você aprenderá a viver e a se
mover e manter seu ser em Mim, e você
entenderá o significado da nossa unidade:
você entenderá que não há separação, que
EU ESTOU em você e você está em Mim, e
que nós somos um.

9 de dezembro

Para determinar o ritmo do dia, você deve aprender a ter um momento de quietude e harmonização logo de manhã, quando você acorda, antes que sua mente se embarace com os acontecimentos do dia. Sua vida é como uma tela em branco, sem nenhuma marca. Deixe que as primeiras pinceladas ao despertar sejam firmes e definidas. Deixe que elas sejam plenas de amor, inspiração e expectativa do que de melhor possa acontecer para você neste dia que se inicia. Você se perceberá num estado muito tranquilo, receptivo e impressionável. Neste estado você será capaz de direcionar suas atividades mentais pelo caminho mais alto e aconselhável. Entre no novo dia preparado para que o melhor aconteça em tudo que você fizer. Passo a passo veja o padrão perfeito se descortinar para o seu dia e para você. Ontem já é passado, um novo e glorioso dia está à sua frente, e você está em harmonia com toda a vida.

10 de dezembro

Não perca tempo e energia se debatendo como um peixe fora d'água, culpando outras pessoas pelo que acontece a você. Saiba simplesmente que tudo está em suas mãos. Portanto, você pode corrigir as circunstâncias sem ajuda de ninguém se você separar alguns momentos para encontrar, na quietude, sua paz interior, e aguardar que Eu Me manifeste. Nada do que você procura lhe será escondido se você depositar tudo à Minha frente e se colocar à Minha disposição para fazer a Minha vontade, e somente a Minha vontade. E você só descobrirá qual é a Minha vontade quando você aprender a ficar quieto. Não se esforce muito; solte-se, relaxe e encontre a paz de coração e de mente que abre todas as portas e revela a luz da verdade. Você descobrirá que você consegue realizar muito mais quando você relaxa e coloca tudo em Minhas mãos. E então, bem quieto, sirva-Me e permita que tudo flua livre e naturalmente, sem qualquer esforço de sua parte, e assim se desenvolva na verdadeira perfeição.

11 de dezembro

A melhor maneira de introduzir amor e prosperidade em sua vida é abençoando e agradecendo cada dádiva que Eu lhe dou. Abençoando e agradecendo por tudo, você está pondo em prática uma das leis mais importantes de prosperidade e fartura, porque com amor e bênçãos vem a abundância. Você já deve ter observado uma criança expandir e crescer em beleza e sabedoria quando amor e bênçãos são derramados sobre ela. Você já viu plantas e animais reagindo a amor e bênçãos. E você já se sentiu reagindo a amor e bênçãos que lhe foram dados. Agora vá e faça o mesmo com todos com quem você tiver contato. Quanto mais você agir assim, mais fácil irá se tornar e seu coração se abrirá com maior facilidade, até que amor e bênçãos fluirão de você constantemente e a alegria de viver transbordará de você para o mundo.

12 de dezembro

Observe quantas horas por dia um bom
pianista tem que treinar antes de ser
capaz de realizar um concerto excelente,
e entenda porque você tem que se dedicar
constantemente para conseguir viver esta vida
espiritual corretamente. Você não precisa se
esforçar além dos limites, mas precisa estar
sempre alerta e consciente, especialmente
no começo. Como o pianista que treina
vezes e vezes seguidas o mesmo trecho para
alcançar a perfeição, você terá que repetir
muitas vezes o mesmo caminho, as mesmas
lições, até que elas façam parte de você e não
possam mais ser separadas de você, porque
estão incorporadas. Mas lembre-se: ninguém
pode viver esta vida por você; ninguém pode
praticar por você. Só você mesmo pode
fazê-lo. Por que não começar agora?

13 de dezembro

Quando Eu posso trabalhar em e através de canais limpos e desbloqueados, coisas maravilhosas acontecem. Todas as almas que veem esses prodígios acontecerem percebem que foi através da Minha mão, porque sozinhas não seriam capazes de produzi-los. Elas sabem que EU ESTOU trabalhando nelas e através delas, e assim elas Me conhecem e Me amam. Portanto, nunca deixe de agradecer tudo que está acontecendo em sua vida. Deixe seu coração aberto e sua mente desobstruída de pensamentos negativos, para que não seja preciso perder tempo limpando velhas noções para dar lugar para o novo. Lembre-se sempre da simplicidade da Minha marca. Quando a vida se complicar, tenha certeza que é você que está se desviando do caminho e volte o mais rapidamente possível. Seja como uma criança, simples e descomplicada, e aproveite plenamente a vida.

14 de dezembro

Tenha sempre em mente que só o bem resulta de tudo e que cada experiência ajuda você a crescer e se expandir. Perceba que sem experiência de primeira mão você não seria capaz de entender e abrir seu coração para os seus semelhantes, mas se manteria à distância julgando e condenando. Experiências, não importa quão estranhas ou difíceis, foram impostas a você com um propósito; portanto, tente entender qual é esse propósito. Tente ver Minha mão em tudo, tente entender que nada acontece por acaso e que sorte não existe. Perceba que é você que atrai para si o melhor ou o pior da vida. Pode ser paz, serenidade e tranquilidade, ou pode ser caos e confusão. Essa atração vem de seu interior, de seu estado de consciência; portanto, não culpe o ambiente que o cerca. Um caracol carrega tudo consigo, até sua casa. Você contém tudo no seu interior e reflete para o exterior.

15 de dezembro

A faísca divina está no interior de cada indivíduo mas, em muitas almas, precisa ser trazida à tona e abanada para que possa se transformar em chama. Desperte de sua preguiça, reconheça a divindade dentro de você, alimente-a e permita que ela cresça e floresça. A semente deve ser plantada na terra antes que possa desabrochar; ela tem dentro de si um potencial adormecido que precisa de condições favoráveis para crescer e se desenvolver. Você tem dentro de si o reino dos céus, mas ele não será revelado se você não acordar e começar a procurar por ele. Existem muitas almas nesta vida que não acordam para esta realidade e elas são como sementes guardadas num pacote. Você precisa querer soltar as amarras para ser livre. E quando este desejo surgir, você será ajudado de todas as maneiras possíveis. Mas o desejo deve primeiro surgir em você.

16 de dezembro

"Transforme-se pela renovação da sua mente!" Que palavras importantes! Você já deve tê-las ouvido muitas vezes, mas o que é que fez a respeito? Elas têm significado para você? Pense nelas até que elas tenham adquirido vida, vibrando em sua mente e fazendo você se renovar e se transformar. Você fala de paz e harmonia, do novo céu e da nova terra, de cumprir a Minha vontade, de amor e luz que se irradiam pelo mundo e de se arriscar no desconhecido, mas, efetivamente, o que é que você está fazendo a respeito? Você está vivendo de maneira a ajudar tudo isto acontecer? Não seja como um papagaio, só repetindo coisas sem significado para você. Reze sem cessar por uma profunda e clara compreensão, agradeça e siga em frente e para o alto. Acima de tudo, viva a vida e permita que as mudanças transformem a sua vida.

17 de dezembro

Quando você está em contato coMigo e seu maior desejo é cumprir a Minha vontade, você percebe que cada uma de suas ações deve ser pelo bem do todo e não só de si mesmo. Esta vida é só para aquelas almas completamente dedicadas e dispostas a se desapegar do ego e se tornar parte do todo. Não é fácil para a maioria da humanidade agir assim, pois muitas almas não querem desistir de sua individualidade. Elas se agarram ao que chamam de seus "direitos" e fazem somente o que querem, sem qualquer consideração pelos outros. Portanto, se você sentir que a vida não está indo bem como você quer, e que você está em desarmonia com o todo, recolha-se e procure dentro de você as causas, sem querer culpar ninguém. Quando você perceber que é algo dentro de você que está desarmonizado, corrija o erro sem demora.

18 de dezembro

Pare de se esforçar e deixe que tudo se desdobre simplesmente. Não permita que preocupações o prendam e o ceguem, mas aprenda a Me entregar sua carga para que você possa ficar livre para cumprir a Minha vontade e trilhar os Meus caminhos. Eu não posso usar você se você estiver todo envolvido em si mesmo, sem distinguir as suas prioridades; portanto, relaxe e solte-se. Aquiete-se e aproveite as maravilhas da vida. Focalize sua mente em Mim. Abra seus olhos e Me veja em tudo, e dê graças eternas. Quando você puder Me enxergar em tudo, seu coração estará tão pleno de amor que o agradecimento transbordará. É impossível esconder um coração cheio de amor e gratidão, porque ele reflete para que todos o vejam. Você atrai as pessoas quando está num estado de alegria e agradecimento. Todos gostam de estar com alguém transbordante de amor, porque amor atrai amor.

19 de dezembro

Esta é uma vida de ação e mudança. Não seja complacente; evite se encaixar no sulco da trilha da rotina porque isso pode levar à estagnação. Você tem que realizar seu próprio trabalho espiritual, sua própria busca pelo caminho que lhe convém. Descubra em que você precisa mudar e comece agora a trabalhar nesse sentido. Se a mudança for desconfortável, quanto mais rápido você se livrar dela melhor. É menos doloroso tirar um esparadrapo com um só puxão do que ir tirando devagarinho. Portanto, faça o que é necessário sem perder tempo. Mergulhe no novo sem hesitação e saiba que será muito melhor do que o que você deixou para trás. Com a mudança vem a vida, uma vida plena e gloriosa. Esta vida está sendo oferecida a você. Aceite-a e dê graças eternas por ela.

20 de dezembro

"Procure primeiro pelo reino, coloque-Me sempre em primeiro lugar, e você terá tudo!" Você conhece estas palavras, mas o que está fazendo a respeito? Os caminhos do Espírito estão em primeiro lugar na sua vida? O tempo que você passa coMigo significa mais do que qualquer outra coisa? Você se sente bem na quietude ou fica desconfortável e inquieto? Você prefere estar sempre ocupado fazendo alguma coisa e sente dificuldade em aquietar seu corpo e sua mente? Existem milhões de almas que não suportam o silêncio; elas precisam estar sempre rodeadas de barulho e ação. Elas não sabem o que significa procurar primeiro o Meu reino, Me colocar em primeiro lugar nas suas vidas. Elas estão inquietas por dentro e por fora. Eu lhe afirmo que os momentos de paz e quietude que você compartilha coMigo são preciosos neste mundo em turbilhão. Procure por eles, ache-os e mantenha-se neles.

21 de dezembro

Aprenda a viver além de seus próprios limites, além de sua força e habilidade, para que as pessoas que o rodeiam possam perceber com os próprios olhos que SOU EU trabalhando em você e através de você. Desta maneira, almas descrentes e sem fé Me conhecerão, não através de palavras, mas através de uma demonstração de vida. É vivendo desta maneira que você reconhecerá que EU SOU seu guia e companheiro e que você deverá dedicar sua vida completamente a Mim e ao Meu serviço. Você tem que perder o pé e nadar nas águas profundas do desconhecido com absoluta fé e confiança, sabendo que nada de mal irá lhe acontecer porque EU ESTOU com você. Você só saberá se tudo isso funciona quando estiver disposto a experimentar. Pare de apostar no seguro e deixe que Eu lhe mostre o que pode acontecer quando você Me permite guiá-lo e usá-lo de acordo com a Minha vontade.

22 de dezembro

"É dando que se recebe." Estas não são somente palavras; elas exprimem a lei. Vivendo por elas e colocando-as em ação, você verá como funcionam maravilhosamente. Você vai receber cada vez mais à medida que for dando o que possui. Nada tema, nada omita; simplesmente doe e continue doando. Um coração aberto e generoso só atrai o melhor para si. Que o seu coração seja tão aberto e generoso que você não se apegue a nada, e assim o espírito da doação estará sempre presente. Avalie o que você tem para doar e então doe, não importa o que seja, porque cada doação ajuda a completar o todo. Não espere que outras pessoas venham pedir pelas suas doações, mas doe espontaneamente. Assim fazendo, você poderá observar onde a sua doação se encaixa no todo, como uma peça de um quebra-cabeça que está faltando para completar o quadro.

23 de dezembro

Dê-Me a oportunidade de trabalhar em você e através de você para realizar Meus prodígios e Minhas glórias. Mantenha sempre a visão do Meu amor ilimitado à sua frente, da Minha abundância e dos Meus prodígios e glórias acontecendo. Mantenha firme a visão do novo céu e da nova terra, da Minha vontade sendo feita, de paz e harmonia existindo na face da terra e de boa vontade se espalhando para todos. Mantenha a visão de vastas cidades de luz surgindo pelo mundo, onde a paz e o amor reinam soberanos. Nunca permita que essas visões se desfaçam, porque é mantendo-as firme e claramente sempre à sua frente que você vai ajudar a trazê-las do etérico e fazer com que elas se manifestem no plano terrestre, para que todos possam ver. Quanto mais clara a visão, mais depressa ela se manifestará. Agradeça constantemente por seus olhos terem se aberto e por você saber o que fazer. Agora pare de só pensar nisso, vá em frente e comece a agir!

24 de dezembro

A rapidez das mudanças poderá chocá-lo. Você tem sido preparado para elas há muito tempo. Através dos tempos, dia a dia, mês a mês, ano a ano, Eu preparei o cenário para estas mudanças acontecerem. Foram-lhe dadas todas as oportunidades para você se preparar e se ajustar; portanto, você deveria estar preparado para ir em frente sem dificuldade. É uma questão de conscientização, de ser capaz de elevar sua consciência e ajustá-la ao que está acontecendo. As almas que já estão abertas para a consciência Crística estão sendo atraídas umas para as outras como ímãs neste momento. Elas podem não perceber isto o tempo todo, mas ficará tudo cada vez mais claro no futuro próximo. Esta conscientização que atrai cada vez mais almas para um mesmo grupo permite que você reconheça o seu Cristo interior e dê graças eternas por essa percepção.

25 de dezembro

Dia a dia você se torna mais pleno e imbuído da consciência Crística. Você é capaz de andar na luz e se tornar um com a luz, até que a escuridão não exista mais para você e você seja capaz de trazer mais luz para o mundo. Você precisa entender que tudo começa em você. É necessário pôr ordem na sua casa primeiro e você tem que fazer isso com fé e confiança no seu sucesso. O que está em seu interior se refletirá em seu exterior. Não é algo a ser atingido com muito esforço; apenas irá acontecer quando você permitir, quando seu coração estiver cheio de amor e compreensão. Este estado elevado de consciência está no próprio ar que você respira. Inspire profundamente e deixe que ele preencha todo o seu ser. É tanto ar que você não pode contê-lo, portanto, expire e mantenha-o movendo e crescendo.

26 de dezembro

O que você espera da vida? Somente o melhor? Ou você é uma daquelas pessoas que está sempre com medo que o pior aconteça? Se este é o seu caso, então você merece tudo que lhe acontece, porque depende de você atrair para si o amor ou o ódio e o medo. Se a sua consciência é negativa, você atrai negatividade como um ímã e se encontrará rodeado de pessoas negativas. Mas se a sua consciência for amorosa, se você viver transbordante de alegria, com o coração cheio de gratidão por tudo e por todos, então você irá atrair para si aquelas almas felizes e alegres que irradiam amor onde quer que estejam. Sua vida será preenchida com o que há de melhor. Por que não enxergar somente o lado bom de tudo? Observe o que há de melhor sendo atraído para você agora.

27 de dezembro

Muitas vezes você terá que agir baseado somente na fé, sem entender a razão daquela ação, mas não hesite se você souber interiormente que aquilo é o certo. Você tem que ter fé para se aventurar no desconhecido, pois circunstâncias externas podem estar deixando você cheio de dúvidas. É neste momento que você precisa aprender a se recolher e reconhecer que você está sendo guiado por Mim, e que tudo vai dar certo. É preciso muita fé e coragem para dispor-se a seguir estas orientações interiores, especialmente quando o que você faz parece uma arrematada tolice para os outros. É por isso que você não conseguiria fazê-lo sem absoluta fé e sabedoria interior. A escolha está sempre em suas mãos. Portanto, escolha, e escolha certo, colocando sua mão firmemente na Minha mão. Eu jamais o ignorarei ou rejeitarei, mas Eu guiarei cada um de seus passos.

28 de dezembro

Que haja unidade na diversidade. Perceba que muitos caminhos levam ao centro, a Mim, cada um diferente do outro, mas todos conduzindo à mesma direção. Quanto mais eles se aproximam do centro, mais unidos ficam, até que todos se tornam um em Mim e não mais existe diversidade, mas somente uma completa unidade. É o que está acontecendo com os centros de luz espalhados pelo mundo. À medida que a situação do mundo se torna mais escura, a luz derramada pelos centros se torna mais brilhante até chegar o momento quando ela suplantará toda escuridão. É bom ver um quadro amplo do que está acontecendo, mas é muito importante perceber que tudo começa dentro de você. Entenda que o que acontece dentro do indivíduo se espalha pelo mundo e reflete na situação do mundo. É por isso que é tão essencial que dentro de você exista paz no coração e na mente, harmonia, compreensão e um profundo amor que flua entre você e todos que o rodeiam.

29 de dezembro

Abra seu coração e aceite todos os Meus perfeitos dons. Eles estão à sua disposição, mas muitas almas não conseguem simplesmente abrir seus corações e estender as mãos para receber o que é delas por direito. Elas têm medo, ou se sentem indignas, ou simplesmente não acreditam que os dons estão à disposição delas e, portanto, rejeitam o que está esperando para ser tomado. Se você tem dinheiro no banco mas prefere ignorar isso e se recusa a sacar e gastar, é você mesmo que vai sofrer pela falta das coisas que lhe são necessárias. Meus armazéns estão transbordando e tudo que Eu tenho é seu. Você não pode querer viver esta vida espiritual sem acreditar nisso e sem se apossar do que é seu. O novo céu e a nova terra já estão aqui.

30 de dezembro

Você representa Minhas mãos e Meus pés.
Eu tenho que trabalhar em você e através de
você para revelar Meus prodígios e Minhas
glórias. Eu tenho que usar você para trazer
para o mundo o Meu reino, para realizar
o novo céu e a nova terra. Enquanto você
não perceber que Eu preciso de você,
você continuará a ouvir falar sobre este
maravilhoso novo céu e nova terra, mas você
não os verá, não viverá neles e não será
testemunha de como eles funcionam. De
que adianta sonhar com a Utopia? É preciso
concretizá-la e isso só será possível quando
você parar de falar sobre ela e começar a
vivê-la. Se você vê uma pessoa se afogando,
não adianta ficar em terra firme berrando
instruções. É preciso se jogar na água e fazer
algo a respeito. Portanto, não adianta nada
ficar lendo como criar um novo céu e uma
nova terra. Você tem que começar já a vivê-
los para conseguir concretizá-los.

31 de dezembro

Se você der um passo à frente com fé, não olhe para trás, nem se lamente pelo que deixou. Simplesmente espere pelo futuro mais maravilhoso e observe-o se realizar. Deixe o que é velho para trás; está acabado. Seja grato pelas lições aprendidas e pelas experiências por que passou; elas o ajudaram a crescer e aumentaram sua compreensão, mas não se apegue a elas. O que o aguarda é muito melhor do que aquilo que você deixou para trás. Nada pode acontecer de errado se você colocar sua vida sob a Minha direção. Mas se você dá um passo à frente e se pergunta se agiu certo, você permite que dúvidas e temores o invadam, e se curvará sob o peso de sua decisão. Portanto, solte-se, liberte o passado e caminhe para a frente com o coração repleto de amor e gratidão.

Publicações da TRIOM Editora relacionadas à Findhorn Foundation

ABRINDO PORTAS INTERIORES, de *Eileen Caddy*, co-fundadora da Findhorn Foundation: mensagens diárias contendo ensinamentos simples, verdades e visões espirituais que levam a uma vida mais feliz e plena – tamanho 10,5 x 15 cm, 405 pags – 16ª edição revista, mais de 60.000 exemplares vendidos – ISBN 978-85-85464-74-5 (acompanhe as mensagens diárias pelo twitter @triom_editora)

AMOR COMO ESCOLHA, O, de *Eileen Caddy e David Earl Platts:* um guia prático sobre como trazer mais amor para sua vida, baseado em técnicas da Psicossíntese que são adotadas na Findhorn Foundation; todos os exercícios e meditações estão em 2 fitas K7 disponíveis sob encomenda – 14 x 21 cm, 157 pags – ISBN 85-85464-07-0

AUTODESCOBERTA DIVERTIDA, de *David Earl Platts:* uma abordagem da Findhorn Foundation para desenvolver a confiança nos grupos. O autor nos orienta na preparação de sessões e fornece instruções completas para 67 exercícios e jogos cooperativos – 14 x 21 cm, 128 pags – ISBN 85-85464-14-3

DANÇA – UM CAMINHO PARA A TOTALIDADE, de *Bernhard Wosien,* artista no sentido mais amplo – bailarino, pedagogo da dança, coreógrafo, desenhista e pintor – transmite as suas experiências pessoais e dá uma visão consistente sobre o desenvolvimento da dança: dos mitos e símbolos da antiguidade, passando pelos exercícios do balé clássico, até a dança palaciana e o folclore europeu – 21 x 21 cm, 158 pags, ilustrações coloridas e PB – ISBN 85-85464-35-6

DANÇAS CIRCULARES vol 1 – DANÇANDO O CAMINHO SAGRADO, de Anna Barton, org. Renata C. Lima Ramos, onde a autora, inglesa residente na Comunidade de Findhorn há mais de 30 anos, relata suas experiências e aprendizados de uma maneira simples e verdadeira. Anna Barton estava presente em 1976 quando o polonês Benhard Wosien ensinou algumas Danças de Roda para a Comunidade e imediatamente percebeu – principalmente sentiu – seu poder agregador, harmonizador e de inclusão – 14 x 21 cm - 87 pags - ISBN 978-85-85464-83-7

DANÇAS CIRCULARES SAGRADAS – UMA PROPOSTA DE EDUCAÇÃO E CURA, uma coletânea de artigos escritos por 12 pessoas de diferentes áreas de trabalho e formação, unidos pelo amor e dedicação às Danças: depoimentos inéditos sobre experiências e considerações reunidas ao longo dos últimos anos – 21 x 21 cm, 196 pags – ISBN 85-85464-16-X

DINHEIRO, CORAÇÃO E MENTE – BEM-ESTAR FINANCEIRO PESSOAL E PLANETÁRIO, de *William Bloom:* do sistema de troca das sociedades tribais à economia cibernética, este livro analisa todas as facetas do dinheiro: abrange tanto os desafios práticos quanto os desafios psicológicos que o dinheiro traz; traz percepções sobre os diferentes aspectos do dinheiro, de maneira que conseguimos apreender e criar uma nova atitude financeira; explora as realidades políticas e ecológicas, levando o leitor a um enfoque realístico e otimista; explica o que é a verdadeira riqueza, para que se possa alcançar satisfação pessoal ao mesmo tempo em que se faz o bem à comunidade e ao meio ambiente – 14 x 21 cm, 288 pags – ISBN 85-85464-24-0

ESPÍRITO DA DANÇA – volumes I e II, de *Anna Barton:* duas coletâneas de *danças circulares sagradas*, com as músicas e as instruções necessárias para grupos ou instrutores poderem tocar e dançar – 14 x 21 cm, 32 pags cada – ISBNs 85.85464-06-2 e 85-85464-05-4

ESSÊNCIAS FLORAIS DE FINDHORN, de Marion Leigh: explicações sobre a teoria, a preparação e as aplicações práticas das essências florais, descrições detalhadas de como melhor se beneficiar das diversas essências individuais e de suas combinações, e um extenso repertório de doenças e seus tratamentos – 18 x 26 cm, 160 pags, fotos coloridas das flores – ISBN 85-85464-19-4

FAÍSCAS CRISTICAS, AS, de William Bloom: o autor conta a fascinante história da chegada das Faíscas Crísticas – um enxame de consciências vindas de outros sistemas e dimensões que, atendendo ao apelo da humanidade que está passando por grandes e difíceis mudanças, têm encarnado em indivíduos, grupos, comunidades e na-ções, ajudando a ancorar a consciência grupal em nosso planeta – 14 x 21 cm, 137 pags – ISBN 85-85464-28-3

MEDITAÇÃO PARA UM MUNDO EM TRANSFORMAÇÃO – UM GUIA PARA MEDITAÇÃO INDIVIDUAL E EM GRUPO, de William Bloom: este livro é uma introdução fácil e encorajadora à prática da meditação (individual ou em grupo), integrando a sabedoria das tradições espirituais com uma abordagem atual da transformação pessoal e social – 14 x 21 cm, 204 pags – ISBN 85-85464-26-7

ONDAS DE ESPÍRITO – Maneiras práticas de lidar com os desafios do dia a dia, de Eileen Caddy, cofundadora da Findhorn Foundation, que aqui nos dá mais orientações espirituais provindas da fonte que ela chama de "a pequena voz interior". Seguindo essa voz interior, ela passou da crença que a voz era de um Deus exterior para a convicção de que sua origem é a centelha de divindade que vive dentro de tudo e de todos – 14 x 21 cm, 133 pags, ISBN 85-85464-43-7

PRÁTICA ESPIRITUAL – COMO COMEÇAR, de *William Bloom:* um guia prático para aqueles que estão começando a explorar as realidades espirituais e necessitam uma introdução aos princípios e características gerais da prática espiritual – 14 x 21 cm, 95 pags – ISBN 85-85464-08-9

PROTEÇÃO PSÍQUICA – CRIANDO ENERGIA POSITIVA PARA PESSOAS E LUGARES, de *William Bloom:* este livro ensina como se proteger de situações difíceis, de atmosferas desagradáveis, e o que é possível fazer para modificá-las; certamente vai beneficiar a todos os leitores que trabalham com o público, incluindo professores, empresários, assistentes sociais, terapeutas e comerciantes – 14 x 21 cm, 167 pags – ISBN 85-85464-25-9

TEMPOS SAGRADOS – RITOS DE PASSAGEM E FESTIVAIS SAZONAIS, de *William Bloom:* neste livro o autor estimula o leitor a se envolver ativamente com os festivais espirituais: festivais do ciclo da vida do homem, de Gaia e do cosmos – 14 x 21 cm, 148 pags – ISBN 85-85464-11-9

VERDADE INTERIOR, A, org. *Alex Walker:* textos de vários autores, inclusive da cofundadora Eileen Caddy, nos contam sobre a história, o trabalho, as crenças e as práticas da Findhorn Foundation e sua comunidade holística espiritual, uma das pioneiras da Nova Era, agora com mais de 30 anos de existência – 14 x 21 cm, 410 pags, fotos em PB – ISBN 85-85464-20-8